한 글

원 각 경

김현준 편역

효림

※중국 당나라에 온 계빈국의 삼장 불타다라佛陀多羅가 693년에 한문으로
번역한 『대방광원각수다라요의경大方廣圓覺修多羅了義經』을 저본으로 삼아,
불교신행연구원 김현준 원장이 한글로 번역하였습니다.

※표지는 보신불인 노사나불과 원각십이보살을 함께 묘사한 불화입니다.

차 례

원각경 독송 발원문

南無佛 南無法 南無僧 南無圓覺十二菩薩
나무불 나무법 나무승 나무원각십이보살(3번)

개경게 / 開經偈

가장 높고 심히 깊은 부처님 법문
백천만 겁 지나간들 어찌 만나리
저희 이제 보고 듣고 받아 지녀서
부처님의 진실한 뜻 깨치오리다

무상심심미묘법
無上甚深微妙法
백천만겁난조우
百千萬劫難遭遇
아금문견득수지
我今聞見得受持
원해여래진실의
願解如來眞實意

開法藏眞言
개법장진언 옴 아라남 아라다(3번)

南無大方廣圓覺修多羅了義經
나무대방광원각수다라요의경(3번)

序分
서 분

이와 같이 나는 들었다. 　　　　　　　　　여시아문
如是我聞

어느 때 바가바(婆伽婆)(세존世尊으로 번
역됨. 곧 부처님)께서 　　　　　　　　　일시바가바
一時婆伽婆

신통대광명장삼매정수(神通大光明藏三昧正受)(신통과 대광명이 가득한 삼매. 정수正受는
삼매를 번역한 말. 강조하고자 두 번을 씀)

에 드셨다. 　　　　　　입어신통대광명장삼매정수
入於神通大光明藏三昧正受

이 삼매는 일체 여래께서 　　　　　　일체여래
一切如來

광명으로 장엄하여 머무시는 자리요 　　　광엄주지
光嚴住持

중생들의 청정각지(淸淨覺地)(본래 청정한
깨달음의 자리)로 　시제중생 　청정각지
是諸衆生 　淸淨覺地

몸과 마음이 적멸(寂滅)하고 　　　　　　신심적멸
身心寂滅

평등(平等)한 근본자리로 　　　　　　　평등본제
平等本際

시방(十方)에 원만(圓滿)하고 　　　　　원만시방
圓滿十方

둘이 아닌 불이를 수순(^잘_{따름})하나니

不二

隨順

불 이 수 순
不二隨順

이 불이의 경지에서 정토들을 나타내시어

어 불 이 경 현 제 징 도
於不二境 現諸淨土

대보살마하살 십만 인과 함께 하셨다.

여 대 보 살 마 하 살 십 만 인 구
如大菩薩摩訶薩十萬人俱

이름하여 문수사리보살·보현보살·보안보살·
금강장보살·미륵보살·청정혜보살·위덕자재
보살·변음보살·정제업장보살·보각보살·원각
보살·현선수보살 등의 상수(^{우두}_{머리}) 12보살과 그

上 首

권속들 모두가 삼매에 들어가서 여래의 평등

眷屬

平 等

법회에 함께 머물렀다.

法會

기 명 왈 문 수 사 리 보 살   보 현
其名曰 文殊師利菩薩 普賢

보살   보안보살   금강장보살   미륵보살   청정혜보살   위덕자
菩薩 普眼菩薩 金剛藏菩薩 彌勒菩薩 清淨慧菩薩 威德自

재보살   변음보살   정제업장보살   보각보살   원각보살   현선
在菩薩 辨音菩薩 淨諸業障菩薩 普覺菩薩 圓覺菩薩 賢善

수보살등   이위상수   여제권속   개입삼매   동주여래평등법회
首菩薩等 以爲上首 與諸眷屬 皆入三昧 同住如來平等法會

제1 문수보살장
文殊菩薩章

부처님은 인지에서 어떤 법을 닦았는가

그때 문수사리보살이 대중 가운데 있다가 자리에서 일어나 _{어시} 於是 _{문수사리보살} 文殊師利菩薩 _{재대중중} 在大衆中 _{즉종좌기} 即從座起 부처님의 발에 이마를 대어 예배하고 부처님 주위를 오른쪽으로 세 번 돈 다음

_{정례불족} 頂禮佛足 _{우요삼잡} 右繞三匝

무릎을 꿇고 앉아 차수합장(두 손을 마주 잡는 합장법)하고 부처님께 아뢰었다. 叉手合掌

_{장궤차수} 長跪叉手 _{이백불언} 而白佛言

"대비 세존이시여

_{대비세존} 大悲世尊

원하옵건대 이 법회에 모인 대중들을 위해

원 위 차 회   제 래 법 중
願爲此會 諸來法衆

여래께서 본래 일으킨 청정인지법행(발심하여 수행할 때 닦은 청정한 행)

清淨因地法行

을 설하여 주옵소서.

설 어 여 래 본 기   청 정 인 지 법 행
說於如來本起 清淨因地法行

그리고 보살이 저 대승에 대해 어떠한 청정심

大乘   清淨心

을 발하여야 병(착각 뒤바뀜)들을 멀리 떠날 수 있는지

病

를 설하시어

급 설   보 살   어 대 승 중   발 청 정 심   원 리 제 병
及說 菩薩 於大乘中 發清淨心 遠離諸病

다가올 말세에 대승을 구하는 중생으로 하여

금 삿된 견해〔邪見〕에 떨어지지 않게 하옵소서."

능 사 미 래 말 세 중 생   구 대 승 자   불 타 사 견
能使未來末世衆生 求大乘者 不墮邪見

이렇게 아뢴 다음 오체투지의 절을 올리면서

五體投地

세 번을 거듭 간청하였다.

작 시 어 이   오 체 투 지   여 시 삼 청   종 이 부 시
作是語已 五體投地 如是三請 終而復始

그때 세존께서 문수사리보살에게 이르셨다.

이 시   세 존   고 문 수 사 리 보 살 언
爾時 世尊 告文殊師利菩薩言

"착하고 훌륭하구나, 선남자야. 善哉善哉 善男子

너희가 보살들을 위해 汝等 乃能爲諸菩薩

여래가 닦은 인지법행(발심하여 수행할 때 닦은 행)이 무엇인지를 물어 諮詢如來因地法行

말세에 대승을 구하는 일체 중생들까지 及爲末世一切衆生 求大乘者

바른 자리에 머물게 하고 사견에 떨어지지 않게 하는구나. 得正住持 不墮邪見

이제 자세히 들어라. 마땅히 너희를 위해 설하리라." 汝今諦聽 當爲汝說

이에 문수사리보살은 가르침을 받고자 기쁜 마음으로 대중들과 함께 조용히 귀를 기울였다. 時 文殊師利菩薩 奉教歡喜 及諸大衆 默然而聽

"선남자야 善男子

위없는 법왕에게 대다라니문(다라니는 모든 것을 다 갖추고 있다는 뜻. 책 끝 용어 해설 참조) 大陀羅尼門

이 있나니 이름이 원각(圓覺)이요

무 상 법 왕　유 대 다 라 니 문　명 위 원 각
無上法王　有大陀羅尼門　名爲圓覺

이로부터 일체의 청정한 진여(眞如)(참되고 한결같음)와 보리(菩提)
(위없는 깨달음)와 열반(涅槃)(번뇌의 불이 완전히 꺼진 경지)과 바라밀(波羅蜜)(피안에 도달함)의 법이

흘러나와 보살들을 가르치느니라.

유 출　일 체 청 정 진 여　보 리　열 반　급 바 라 밀　교 수 보 살
流出　一切淸淨眞如　菩提　涅槃　及波羅蜜　敎授菩薩

일체 여래가 발심하여 보살행을 닦을 때

일 체 여 래　본 기 인 지
一切如來　本起因地

원만하게 비추는 이 청정한 원각상〔청정각상(淸淨覺相)〕에 의지하여

개 의 원 조　청 정 각 상
皆依圓照　淸淨覺相

길이 무명(無明)을 끊고 불도를 이루었느니라.

영 단 무 명　방 성 불 도
永斷無明　方成佛道

그럼 무엇을 무명(無明)이라 하는가?

운 하 무 명
云何無明

선남자야

선 남 자
善男子

일체 중생은 시작을 알 수 없는 옛적부터 여러 가지에 전도(顚倒)(뒤바뀌고 거꾸로 됨)되어

일체중생 종무시래 종종전도
一切衆生 從無始來 種種顚倒

마치 길을 잃은 사람이 동서남북을 뒤바꾸어

생각하듯이 하였느니라.
유여미인 사방역처
猶如迷人 四方易處

사대(몸의 구성 요소인 지地·수水·화火·풍風의 네 가지)를 내 몸으로 잘못 알고
四大

망인사대 위자신상
妄認四大 爲自身相

육진(육근六根인 눈·귀·코·혀·몸·뜻의 대상이 되는 색·소리·향기·맛·감촉·법. 육경六境이라고도 함)의 그림자를 내
六塵

마음으로 삼았나니
육진연영 위자심상
六塵緣影 爲自心相

비유하면 눈병에 걸린 사람이 허공의 꽃〔空華〕
공화

을 보거나 달 옆에 제2의 달이 있다고 보는

것과 같았느니라.
비피병목 견공중화 급제이월
譬彼病目 見空中華 及第二月

선남자야
선남자
善男子

허공에는 진실로 꽃이 없건만
공실무화
空實無華

눈병에 걸린 사람은 허망되이 허공에 꽃이 있

다고 집착하나니
병자망집
病者妄執

이 허망된 집착 때문에
유망집고
由妄執故

허공 스스로가 지니고 있는 본성〔自性〕을 모르
자성

게 될 뿐 아니라
비유혹차허공자성
非唯惑此虛空自性

저 실제의 꽃들이 생겨나는 자리에 대해서도 모르게 되느니라.

역부미피실화생처
亦復迷彼實華生處

이로 말미암아 허망한 윤전생사(輪轉生死)(생사 속을 굴리다 님. 곧 생사 윤회)를 하게 되나니

유차망유윤전생사
由此妄有輪轉生死

그러므로 이를 무명(無明)이라 이름하느니라.

고명무명
故名無明

선남자야

선남자
善男子

이 무명은 실로 체(體)(본체·알맹이)가 있는 것이 아니니라.

차무명자 비실유체
此無明者 非實有體

마치 꿈을 꾸고 있을 때는 그 꿈속에 모든 것이 분명히 있지만

여몽중인 몽시비무
如夢中人 夢時非無

꿈에서 깨어나면 어떠한 것도 얻은 바 없음을 알게 되는 것과 같고

급지어성 요무소득
及至於醒 了無所得

허공꽃이 허공에서 사라져도

여중공화 멸어허공
如衆空華 滅於虛空

정녕 사라진 자리가 있다고 말할 수 없는 것과 같으니라.

불가설언유정멸처
不可說言有定滅處

그 까닭이 무엇인가?

하이고
何以故

허공꽃은 본래 생겨난 자리가 없기 때문이니라.

무 생 처 고
無生處故

일체 중생도 생겨남이 없건만〔무생 無生〕

일 체 중 생 어 무 생 중
一切衆生 於無生中

허망되이 생멸(生滅)이 있다고 보나니

망 견 생 멸
妄見生滅

이 때문에 윤전생사(輪轉生死)한다고 이름하게 된 것이니라.

시 고 설 명 윤 전 생 사
是故 說名輪轉生死

선남자야

선 남 자
善男子

여래가 인지(因地)에서 원각을 닦을 때

여 래 인 지 수 원 각 자
如來因地 修圓覺者

무명이 허공꽃과 같은 줄을 알게 되자 곧 윤전생사가 없어졌고

지 시 공 화 즉 무 윤 전
知是空華 卽無輪轉

몸과 마음도 생사를 받음이 없게 되었나니

역 무 신 심 수 피 생 사
亦無身心 受彼生死

무명을 없애고자 하여 없어진 것이 아니라 본성에 무명이 없기 때문이니라.

비 작 고 무 본 성 무 고
非作故無 本性無故

저 원각을 아는 것은 저 허공을 아는 것과 같고
피지각자 유여허공
彼知覺者 猶如虛空

허공을 안다는 것도 곧 허공꽃과 같은 것이지만
지허공자 즉공화상
知虛空者 卽空華相

원각을 아는 본성은 없다고 말할 수 없나니
역불가설무지각성
亦不可說無知覺性

있다[有] 없다[無]는 견해를 함께 버리면
유무구견
有無俱遣

곧 청정한 원각에 수순한다(隨順)(잘 따른다)고 이름하느니라.
시즉명위정각수순
是則名爲淨覺隨順

그 까닭이 무엇인가?
하이고
何以故

원각이 허공의 본성이기 때문이요
허공성고
虛空性故

언제나 움직이지 않기 때문이요
상부동고
常不動故

이 여래장(如來藏)(여래를 갈무리하고 있는 본성. 곧 원각) 속에서는 일어남과 소멸됨이 없기 때문이요
여래장중 무기멸고
如來藏中 無起滅故

지견(知見)(알음알이 분별심)이 없기 때문이요
무지견고
無知見故

법계성(法界性)(법계의 본성)과 같아 끝내 원만하고 시방에 두

루하기 때문이니라.　如法界性　究竟圓滿　偏十方故

이상을 이름하여 여래의 인지법행이라 하나니

是則名爲因地法行

보살이 이를 근본으로 삼으면 대승 가운데에서 청정심을 발할 수 있고

菩薩　因此　於大乘中　發清淨心

말세중생이 이를 의지하여 수행하면 삿된 견해에 떨어지지 않게 되느니라."

末世衆生　依此修行　不墮邪見

그때 세존께서 거듭 이 뜻을 펴시고자 게송으로 이르셨다.

爾時　世尊　欲重宣此義　而說偈言

문수사리　보살이여　마땅히 알라　文殊汝當知

시방세계　계시옵는　모든 여래는　一切諸如來

발심하여　행을 닦은　인지 때부터　從於本因地

지혜로써　원각 도리　모두 깨달고　皆以智慧覺

무명(無明) 실체　요달하여　알았느니라　了達於無明 (요달어무명)

곧 무명이　공화(空華)임을　분명히 알면　知彼如空華 (지피여공화)

나고 죽는　윤회의 길　벗어나나니　卽能免流轉 (즉능면유전)

이는 마치　꿈에서 본　모든 것들을　又如夢中人 (우여몽중인)

꿈깬 다음　얻을 수가　없음과 같다　醒時不可得 (성시불가득)

이 원각은　마치 텅빈　허공 같아서　覺者如虛空 (각자여허공)

평등하고　부동하고　윤회 않나니　平等不動轉 (평등부동전)

이 원각이　어디에나　두루함 알면　覺徧十方界 (각변시방계)

그 즉시에　성불(成佛)의 도(道)　얻게 되노라　卽得成佛道 (즉득성불도)

모든 환(幻)이　멸하는 곳　따로 없듯이　衆幻滅無處 (중환멸무처)

도 이룸도　얻을 것이　따로 없나니　成道亦無得 (성도역무득)

본성 원래　원만하기　때문이니라　本性圓滿故 (본성원만고)

보살들이　이 가르침　따르게 되면　菩薩於此中 (보살어차중)

능히 무상(無上)　보리심(菩提心)을　발할 수 있고　能發菩提心 (능발보리심)

미래 말세　중생들이　이를 닦으면　末世諸衆生 (말세제중생)

삿된 견해　남김 없이　벗어나리라　修此免邪見 (수차면사견)

〈제1 문수보살장 끝〉

제2 보현보살장
普賢菩薩章
환들을 영원히 떠나는 방법

그때 보현보살이 대중 가운데 있다가 자리에서 일어나, 부처님의 발에 이마를 대어 예배하고 부처님 주위를 오른쪽으로 세 번 돈 다음, 무릎을 꿇고 앉아 차수합장하고 부처님께 아뢰었다.

於是 普賢菩薩
어시 보현보살

在大衆中 卽從座起 頂禮佛足 右繞三匝 長跪叉手 而白佛言
제대중중 즉종좌기 정례불족 우요삼잡 장궤차수 이백불언

"대비 세존이시여
大悲世尊
대비세존

원하옵건대 이 법회에 참여한 보살들과 말세

의 일체 중생 가운데 대승을 닦고자 하는 이
들이 願爲此會 諸菩薩衆 及爲末世一切衆生 修大乘者
원위차회 제보살중 급위말세일체중생 수대승자
이 원각의 청정한 경계에 대해 들은 다음에는
어떻게 수행해야 하나이까?
聞此圓覺淸淨境界 云何修行
문차원각청정경계 운하수행

세존이시여, 만일 저 중생이 환(환상 허깨비)과 같음
幻
〔如幻〕을 아는 이라면 몸과 마음 또한 환이라는
여환
것을 알 것입니다. 世尊 若彼衆生 知如幻者 身心亦幻
세존 약피중생 지여환자 신심역환
그렇다면 어떻게 '환으로써 환을 닦아라'고 할
수 있겠나이까? 云何以幻 還修於幻
운하이환 환수어환
만일 환성(환의 성품)들이 모두 다 사라지면
幻性

若諸幻性 一切盡滅
약제환성 일체진멸

마음까지도 없을 터이니 누가 수행을 하며
則無有心 誰爲修行
즉무유심 수위수행

어떻게 다시 '환과 같음〔如幻〕을 닦아라'고 할
여환
수 있겠나이까? 云何復說修行如幻
운하부설수행여환
만일 중생들이 애초부터 수행을 하지 않으면

약제중생 본불수행
若諸衆生 本不修行

저 생사 속에서 환이 나타낸 것들[幻化] 가운데

항상 머물게 되어
어생사중 상거환화
於生死中 常居幻化

그 자리가 환과 같은 경계임을 결코 알지 못

할 것인데
증불요지여환경계
曾不了知如幻境界

그와 같은 망상심으로 어떻게 해탈할 수 있겠

나이까?
영망상심 운하해탈
令妄想心 云何解脫

원하옵건대 말세의 일체 중생을 위하소서.
원위말세일체중생
願爲末世一切衆生

어떤 방편을 차례로 닦고 익혀야
작하방편 점차수습
作何方便 漸次修習

중생들이 환들을 영원히 떠날 수 있나이까?"
영제중생 영리제환
令諸衆生 永離諸幻

이렇게 아뢴 다음 오체투지의 절을 올리면서

세 번을 거듭 간청하였다.
작시어이 오체투지 여시삼청 종이부시
作是語已 五體投地 如是三請 終而復始

그때 세존께서 보현보살에게 이르셨다.

이시 세존 고보현보살언
爾時 世尊 告普賢菩薩言

"착하고 훌륭하구나, 선남자야. 선재선재 선남자
善哉善哉 善男子

너희가 보살들과 말세의 일체 중생을 위해

여등 내능위제보살급말세중생
汝等 乃能爲諸菩薩及末世衆生

보살이 여환삼매(허깨비 같음을 체험하는 삼매)를 닦아 익히는 방편과 순서가 무엇인지를 질문하여

수습보살여환삼매 방편점차
修習菩薩如幻三昧 方便漸次

중생들로 하여금 환들을 떠날 수 있게 하는구나.

영제중생 득리제환
令諸衆生 得離諸幻

이제 자세히 들어라. 마땅히 너희를 위해 설하리라."

여금제청 당위여설
汝今諦聽 當爲汝說

이에 보현보살은 가르침을 받고자 기쁜 마음으로 대중들과 함께 조용히 귀를 기울였다.

시 보현보살 봉교환희 급제대중 묵연이청
時 普賢菩薩 奉敎歡喜 及諸大衆 默然而聽

"선남자야
선남자
善男子

일체 중생에게 나타나는 갖가지 환(幻)은

일체중생 종종환화
一切衆生 種種幻化

모두 여래의 원각묘심(圓覺妙心)(원각의 묘한 마음)에서 생겨난 것이니

개생여래 원각묘심
皆生如來 圓覺妙心

마치 허공꽃이 허공을 의지하여 생겨나는 것과 같으니라.

유여공화 종공이유
猶如空華 從空而有

그 환(幻)의 꽃이 멸할지라도 허공의 본성은 무너지지 않듯이

환화수멸 공성불괴
幻華雖滅 空性不壞

중생의 환(幻)과 같은 마음을 도리어 환(幻)에 의지해서 멸하여

중생환심 환의환멸
衆生幻心 還依幻滅

환들이 다 사라질지라도 원각묘심은 부동(不動)이니라.

제환진멸 각심부동
諸幻盡滅 覺心不動

환(幻)에 의지하여 원각(圓覺)을 설하면 이 또한 환이라 이름하나니

의환설각 역명위환
依幻說覺 亦名爲幻

만일 원각이 있다고 설하면 오히려 환을 떠나지 못하게 되고

약설유각 유미리환
若說有覺 猶未離幻

원각이 없다고 설하여도 환을 떠나지 못하느니라.

설 무 각 자　역 부 여 시
說無覺者　亦復如是

이러한 까닭으로 환들이 다 사라져도 원각은 '부동'하다고 하느니라.

시 고 환 멸　명 위 부 동
是故幻滅　名爲不動

선남자야

선 남 자
善男子

일체 보살과 말세 중생은

일 체 보 살　급 말 세 중 생
一切菩薩　及末世衆生

마땅히 환이 나타낸 일체의 허망경계를 멀리 떠나야 하느니라.

응 당　원 리 일 체 환 화 허 망 경 계
應當　遠離一切幻化虛妄境界

'멀리 떠나겠다는 마음'을 굳게 가짐으로써

유 견 집 지 원 리 심 고
由堅執持遠離心故

마음이 환과 같음을 멀리 떠나게 되고

심 여 환 자　역 부 원 리
心如幻者　亦復遠離

멀리 떠난다는 것도 환이므로 이 또한 멀리 떠나며

원 리 위 환　역 부 원 리
遠離爲幻　亦復遠離

'환을 멀리 떠남까지도 떠나야 한다'는 것마저 멀리 떠나서

이 원 리 환　역 부 원 리
離遠離幻　亦復遠離

더 이상 떠날 것이 없게 되면 비로소 환들이

사라지게 되느니라. 得無所離 卽除諸幻

비유하면 불을 피울 때 두 나무를 서로 비벼

서 譬如鑽火 兩木相因

불이 붙고 나무가 다 타면 재가 날아가고 연기

마저 사라지는 것과 같으니라. 火出木盡 灰飛煙滅

환으로써 환을 닦는 것 또한 이와 같으며

以幻修幻 亦復如是

환들이 다 사라질지라도 원각묘심은 사라지

지[斷滅] 않느니라. 諸幻雖盡 不入斷滅

선남자야 善男子

환인 줄 알면 곧 환을 떠나게 되나니 굳이 방

편을 쓸 필요가 없고 知幻卽離 不作方便

환을 떠나면 곧 원각(圓覺)이니 離幻卽覺

닦아가야 할 차례가 따로 없느니라. 亦無漸次

일체 보살과 말세의 중생들이 이에 의지하여

수행하면 一切菩薩 [일체보살] 及末世衆生 [급말세중생] 依此修行 [의차수행]

환들을 영원히 떠날 수 있게 되느니라."

如是乃能永離諸幻 [여시내능영리제환]

그때 세존께서 거듭 이 뜻을 펴시고자 게송으로 이르셨다. 爾時 [이시] 世尊 [세존] 欲重宣此義 [욕중선차의] 而說偈言 [이설게언]

보현이여 너희들은 마땅히 알라 普賢汝當知 [보현여당지]
시방세계 한량없는 모든 중생의 一切諸衆生 [일체제중생]
무시이래 [無始以來] 생겨나온 환 [幻]과 무명 [無明]은 無始幻無明 [무시환무명]
남김없이 모두가 다 부처님들의 皆從諸如來 [개종제여래]
원각심 [圓覺心]을 의지하여 생긴 것이다 圓覺心建立 [원각심건립]
비유하면 허공 중에 피어 있는 꽃 猶如虛空華 [유여허공화]
텅빈 허공 의지하여 있게 되지만 依空而有相 [의공이유상]
이 허공꽃 일순간에 사라진데도 空華若復滅 [공화약부멸]
허공이야 본래부터 부동 [不動]이듯이 虛空本不動 [허공본부동]
모든 환이 원각에서 생겨났지만 幻從諸覺生 [환종제각생]

환 멸해도	원각심은	원만하나니	환멸각원만 幻滅覺圓滿
원각심은	원래부터	부동이니라	각심부동고 覺心不動故
만일 대승	믿고 닦는	보살대중과	약피제보살 若彼諸菩薩
말세에서	불도 닦는	모든 중생이	급말세중생 及末世衆生
환을 멀리	떠나고자	애쓰게 되면	상응원리환 常應遠離幻
모든 환은	틀림없이	떠나가나니	제환실개리 諸幻悉皆離
두 나무를	서로 비벼	생겨난 불이	여목중생화 如木中生火
나무 모두	타버린 뒤	꺼짐과 같다	목진화환멸 木盡火還滅
원각에는	이와 같이	점차가 없고	각즉무점차 覺則無漸次
방편에도	차례 순서	따로 없노라	방편역여시 方便亦如是

〈제2 보현보살장 끝〉

제3 보안보살장
普眼菩薩章

어떻게 관하고 닦을 것인가

그때 보안보살이 대중 가운데 있다가 자리에서 일어나, 부처님의 발에 이마를 대어 예배하고 부처님 주위를 오른쪽으로 세 번 돈 다음, 무릎을 꿇고 앉아 차수합장하고 부처님께 아뢰었다.

於是 普眼菩薩
어시 보안보살

在大衆中 卽從座起 頂禮佛足 右繞三匝 長跪叉手 而白佛言
제대중중 즉종좌기 정례불족 우요삼잡 장궤차수 이백불언

"대비 세존이시여, 원하옵건대 이 법회에 참여한 모든 보살들과 말세의 일체 중생들을 위해

대비세존 원위차회 제보살중 급위말세일체중생
大悲世尊 願爲此會 諸菩薩衆 及爲末世一切衆生

보살의 수행점차(修行漸次)(수행을 하는 차례·순서)를 널리 설하여 주옵소서.

연설보살수행점차
演說菩薩修行漸次

어떻게 사유하고(思惟) 어떻게 머물러야 하나이까?

운하사유 운하주지
云何思惟 云何住持

또한 중생들이 깨닫지 못할 때는 어떤 방편을 써야 두루 깨닫게 할 수 있나이까?

중생미오 작하방편 보령개오
衆生未悟 作何方便 普令開悟

세존이시여, 만일 저 중생들에게 바른 방편과 바른 사유가 없다면

세존 약피중생 무정방편급정사유
世尊 若彼衆生 無正方便及正思惟

여래께서 여환삼매(如幻三昧)(일체가 환과 같음을 요달하는 삼매)를 설하시는 것을 듣고도 마음이 미혹하고 답답하여

문불여래 설차삼매 심생미민
聞佛如來 說此三昧 心生迷悶

저 원각에 능히 깨달아 들어갈 수가 없을 것이옵니다.

즉어원각 불능오입
卽於圓覺 不能悟入

원하옵건대 자비를 베푸시어 저희와 말세의

중생을 위한 방편을 설하여 주옵소서."

_{원흥자비 위아등배급말세중생 가설방편}
願興慈悲 爲我等輩及末世衆生 假說方便

이렇게 아뢴 다음 오체투지의 절을 올리면서 세 번을 거듭 간청하였다.

_{작시어이 오체투지 여시삼청 종이부시}
作是語已 五體投地 如是三請 終而復始

그때 세존께서 보안보살에게 이르셨다.

_{이시 세존 고보안보살언}
爾時 世尊 告普眼菩薩言

"착하고 훌륭하구나, 선남자야. _{선재선재 선남자}
善哉善哉 善男子

너희가 모든 보살과 말세의 중생을 위해

_{여등 내능위제보살급말세중생}
汝等 乃能爲諸菩薩及末世衆生

여래에게 수행점차_{修行漸次}(수행을 하는 차례)와 어떻게 사유하고_{思惟} 어떻게 머물러야(住持)하는지

_{문어여래 수행점차 사유주지}
問於如來 修行漸次 思惟住持

그리고 여래가 설하는 여러 가지 방편에 대해 묻는구나.

_{내지가설종종방편}
乃至假說種種方便

이제 자세히 들어라. 마땅히 너희를 위해 설하
리라."

여금제청 당위여설
汝今諦聽 當爲汝說

이에 보안보살은 가르침을 받고자 기쁜 마음
으로 대중들과 함께 조용히 귀를 기울였다.

시 보안보살 봉교환희 급제대중 묵연이청
時 普眼菩薩 奉敎歡喜 及諸大衆 黙然而聽

"선남자야

선남자
善男子

새로 공부하는 보살과 말세의 중생이

피신학보살 급말세중생
彼新學菩薩 及末世衆生

여래의 청정한 원각심(圓覺心)을 구하고자 하면

욕구여래정원각심
欲求如來淨圓覺心

마땅히 정념(正念)(바르게 집중함)으로 모든 환(幻)을 멀리 떠나야
하느니라.

응당정념 원리제환
應當正念 遠離諸幻

먼저 여래의 사마타행(奢摩他行)(산란함을 쉬어 고요함을 이루는 수행. 곧 선정)에 의지하
여

선의여래 사마타행
先依如來 奢摩他行

계율을 굳게 지키면서 대중과 함께 편안하게

생활하고

堅持禁戒 安處徒衆

조용한 곳에 편히 앉아 항상 다음과 같이 생
각할지니라.

연자정실 항자시념
宴坐靜室 恒作是念

'지금의 이 몸은 지·수·화·풍의 사대가 화합
하여 이루어진 것이다.

地 水 火 風 四大

아금차신 사대화합
我今此身 四大和合

이른바 머리카락·털·손톱·발톱·치아·피부·
살·힘줄·뼈·골수·뇌·때 등의 형체 있는 것들
은 다 흙〔地〕으로 돌아가고

소위발모조치 피육근골 수뇌구색 개귀어지
所謂髮毛爪齒 皮肉筋骨 髓腦垢色 皆歸於地

침·콧물·고름·피·진액·거품·가래·눈물·정액
과 대소변 등은 다 물〔水〕로 돌아가고

타체농혈 진액연말 담누정기 대소변리 개귀어수
唾涕膿血 津液涎沫 痰淚精氣 大小便利 皆歸於水

따뜻한 기운은 불〔火〕로 돌아가고

난기귀화
煖氣歸火

몸 속에서 움직이는 기운은 바람〔風〕으로 돌아
가게 된다.

동전귀풍
動轉歸風

사대가 뿔뿔이 떠나가면 지금의 허망한 몸은

四大

어디에 있게 되는가?' 사 대 각 리 금 자 망 신 당 재 하 처
四大各離 今者妄身 當在何處

이 몸이 필경 실체가 없음을 곧 알게 되나니
즉 지 차 신 필 경 무 체
卽知此身畢竟無體

이 몸은 사대가 화합하여 만들어진 상(모습)으로
진실로 환이 나타낸 것과 같으니라.
화 합 위 상 실 동 환 화
和合爲相 實同幻化

네 가지 연인 사대가 임시로 화합하여 육근이
있게 되고
사 연 가 합 망 유 육 근
四緣假合 妄有六根

육근과 사대가 안팎이 되어 하나로 합성하면
육 근 사 대 중 외 합 성
六根四大 中外合成

허망한 연의 기운들이 그 가운데 모이고 쌓여
망 유 연 기 어 중 적 취
妄有緣氣 於中積聚

연을 따른 모습〔緣相〕들이 있는 듯이 여겨지므
로 이를 거짓 이름하여 마음〔心〕이라 하게 된
것이니라.
사 유 연 상 가 명 위 심
似有緣相 假名爲心

선남자야
善男子

이 허망한 마음은 육진(六塵 육근의 대상인 색성향미촉법)이 없으면 결코 존재할 수 없느니라.

此虛妄心 若無六塵 則不能有
차 허 망 심 약 무 육 진 즉 불 능 유

사대가 흩어지면 육진을 가히 얻을 수 없게 되고

四大分解 無塵可得
사 대 분 해 무 진 가 득

연(緣)이 되는 육진이 제각기 흩어져 없어지면

於中緣塵 各歸散滅
어 중 연 진 각 귀 산 멸

연을 따라 생겨났던 마음(識心)도 마침내 볼 수 없게 되느니라.

畢竟無有緣心可見
필 경 무 유 연 심 가 견

선남자야
善男子

저 중생의 환과 같은 몸(幻身)이 멸하므로 환과 같은 마음(幻心) 또한 멸하고

彼之衆生 幻身滅故 幻心亦滅
피 지 중 생 환 신 멸 고 환 심 역 멸

환과 같은 마음(幻心)이 멸하므로 환과 같은 육진경계(幻塵) 또한 멸하며

幻心滅故 幻塵亦滅
환 심 멸 고 환 진 역 멸

환과 같은 육진경계〔幻塵〕가 멸하므로 환을 멸함〔幻滅〕 또한 멸하느니라.

幻塵滅故 幻滅亦滅

이렇게 환을 멸함까지 멸하고 나면 환이 아닌 것은 멸하지 않나니

幻滅滅故 非幻不滅

비유컨대 거울을 닦아 때가 없어지면 모습이 잘 나타나는 것과 같으니라.

譬如磨鏡垢盡明現

선남자야, 마땅히 알아라.

善男子 當知

몸과 마음이 다 환의 때〔幻垢〕이니

身心 皆爲幻垢

환의 때가 완전히 멸하면 시방이 청정해지느니라.

垢相永滅 十方淸淨

선남자야

善男子

마치 무색의 청정한 마니보주에 5색을 비추면 방향에 따라 각기 다른 빛깔이 나타나는 것이건만

譬如淸淨摩尼寶珠 映於五色 隨方各現

어리석은 사람들은 마니보주에 실제로 5색이 있는 줄 아느니라.

諸愚癡者 見彼摩尼 實有五色

선남자야
선 남 자
善男子

원각의 청정한 본성이 몸과 마음을 나타내어 온갖 것에 대해 반응을 하는 것이건만

원 각 정 성　현 어 신 심　수 류 각 응
圓覺淨性　現於身心　隨類各應

어리석은 사람이 '청정한 원각에 실제로 이와 같은 몸과 마음의 모습이 있다'고 말하는 것 또한 이와(마니보주에 실제로 5) 색이 있다고 하는 것) 같으니라.

피 우 치 자　설 정 원 각　실 유 여 시 신 심 자 상　역 부 여 시
彼愚癡者　說淨圓覺　實有如是身心自相　亦復如是

이러한 고집으로 말미암아 환幻이 나타낸 것들을 멀리하지 못하기 때문에

유 차　불 능 원 어 환 화
由此　不能遠於幻化

나는 '몸과 마음이 환의 때〔幻垢환구〕'라고 말한 것이며

시 고 아 설　신 심 환 구
是故我說　身心幻垢

환의 때를 떠나야 보살이라 이름한다고 한 것이니라.

대 리 환 구　설 명 보 살
對離幻垢　說名菩薩

환의 때가 다하여 없앨 상대가 사라지면 상대도 없고 환의 때도 없고 보살이라 이름할 것도 없느니라.

구 진 대 제　즉 무 대 구　급 설 명 자
垢盡對除　卽無對垢　及說名者

선남자야
선남자
善男子

이 보살과 말세의 중생이
차보살급말세중생
此菩薩及末世衆生

환들의 실체를 알면 영상(그림자와 같은 모습)들을 멸하게 되므로
증득제환 멸영상고
證得諸幻 滅影像故

그때 문득 시공을 초월하는 청정을 얻게 되나니
이시 변득무방청정
爾時 便得無方清淨

끝없는 허공도 원각에서 나타난 바이니라.
무변허공 각소현발
無邊虛空 覺所顯發

원각이 뚜렷이 밝기 때문에
각원명고
覺圓明故

마음 청정함이 드러나고
현심청정
顯心清淨

마음이 청정하기 때문에
심청정고
心清淨故

보이는 대상〔見塵〕이 청정하고
견진청정
見塵清淨

보이는 대상이 청정하기 때문에
견청정고
見清淨故

안근(눈)이 청정하고
안근청정
眼根清淨

안근이 청정하기 때문에
근청정고
根清淨故

안식(형상과 빛깔을 분별하는 마음)이 청정하니라.
안식청정
眼識清淨

식이 청정하기 때문에
식청정고
識清淨故

들리는 소리〔聞塵〕가 청정하고
聞塵淸淨

들리는 소리가 청정하기 때문에
聞淸淨故

이근〔귀〕이 청정하고
耳根淸淨

이근이 청정하기 때문에
根淸淨故

이식이 청정하며
耳識淸淨

식이 청정하기 때문에
識淸淨故

원각의 대상들이〔覺塵〕 청정하나니
覺塵淸淨

코〔鼻〕·혀〔舌〕·몸〔身〕·뜻〔意〕 또한 이와 같으니라.
如是乃至鼻舌身意 亦復如是

선남자야
善男子

눈〔眼根〕이 청정하기 때문에
根淸淨故

색이 청정하고
色塵淸淨

색이 청정하기 때문에
色淸淨故

소리〔聲〕가 청정하며
聲塵淸淨

향기〔香〕·맛〔味〕·감촉〔觸〕·법〔法〕 또한 이와 같으니라.
香味觸法 亦復如是

선남자야
善男子

색성향미촉법의 육진이 청정하므로 지대(地大)가 청
정하고

육진청정고 지대청정
六塵清淨故 地大清淨

지대가 청정하므로 수대(水大)가 청정하며

지청정고 수대청정
地清淨故 水大清淨

화대(火大)와 풍대(風大) 또한 이와 같으니라.

화대풍대 역부여시
火大風大 亦復如是

선남자(善男子)야

사대(四大)가 청정하므로 십이처(十二處)(육근과 육
진의 세계)와 십팔계(十八界)(
육근·육진·육식
이 합해진 세계)와 이십오유(二十五有)(중생을 25종류로 나
눈 것. 곧 25종 중생)가 청정하고

사대청정고 십이처 십팔계 이십오유 청정
四大清淨故 十二處 十八界 二十五有 清淨

이들이 청정하기 때문에 십력(十力)·사무소외(四無所畏)·사무
애지(四無礙智)와 부처님의 십팔불공법(十八不共法)과 삼십칠조도품(三十七助道品)
이 청정하고, 마침내 8만4천 다라니문(陀羅尼門) 모두가
청정해지느니라.(십력·사무소외·사무애지·십팔불공법·
삼십칠조도품은 책 끝의 용어 풀이 참조)

피청정고 십력 사무소외 사무애지 불십팔불공법
彼清淨故 十力 四無所畏 四無礙智 佛十八不共法

삼십칠조도품 청정 여시내지팔만사천다라니문 일체청정
三十七助道品 清淨 如是乃至八萬四千陀羅尼門 一切清淨

선남자야
善男子

일체 실상의 본성이 청정하므로 일신이 청정하고

一切實相性淸淨故 一身淸淨

일신이 청정하므로 다신이 청정하며

一身淸淨故 多身淸淨

다신이 청정하므로 마침내 시방 중생의 원각이 청정해지느니라.

多身淸淨故 如是乃至 十方衆生圓覺淸淨

선남자야
善男子

한 세계가 청정하므로 여러 세계가 청정하고

一世界淸淨故 多世界淸淨

여러 세계가 청정하므로 마침내 허공계(공간)와 삼세(시간)를 다 싸안은 일체가 평등하고 청정하고 부동하니라.

多世
界淸淨故 如是乃至盡於虛空 圓裏三世 一切平等淸淨不動

선남자야
善男子

허공이 이와 같이 평등하고 부동하므로

허 공 여 시 평 등 부 동
虛空如是平等不動

마땅히 원각의 본성〔覺性〕이 평등하고 부동한
줄을 알게 되며

당 지 각 성 평 등 부 동
當知覺性平等不動

四 大
사대가 평등하고 부동하므로

사 대 부 동 고
四大不動故

마땅히 원각의 본성이 평등하고 부동한 줄을
알게 되며

당 지 각 성 평 등 부 동
當知覺性平等不動

陀 羅 尼 門
나아가 8만4천 다라니문들이 평등하고 부동
하므로

여 시 내 지 팔 만 사 천 타 라 니 문   평 등 부 동
如是乃至八萬四千陀羅尼門 平等不動

마땅히 원각의 본성이 평등하고 부동한 줄을
알게 되느니라.

당 지 각 성 평 등 부 동
當知覺性平等不動

선남자야

선 남 자
善男子

徧 滿
원각의 본성이 변만(두루 가득)하고 청정하고 부동하
고 원만하기가 끝이 없기 때문에

각 성   변 만   청 정   부 동   원 무 제 고
覺性 徧滿 清淨 不動 圓無際故

마땅히 육근이 법계에 변만함(변만·청정·부동·원만하다는 것
을 변만 하나로 줄인 것임. 이하

문장도
같음)을 알게 되고

당지육근변만법계
當知六根徧滿法界

육근이 변만하기 때문에

근변만고
根徧滿故

마땅히 육진이 법계에 변만함을 알게 되고

당지육진변만법계
當知六塵徧滿法界

육진이 변만하기 때문에

진변만고
塵徧滿故

마땅히 사대가 법계에 변만함을 알게 되고

당지사대변만법계
當知四大徧滿法界

나아가 8만4천 다라니문이 법계에 변만하게
되느니라.

여시내지다라니문 변만법계
如是乃至陀羅尼門 徧滿法界

선남자야

선남자
善男子

저 묘한 원각의 본성이 변만하기 때문에

유피묘각 성변만고
由彼妙覺 性徧滿故

육근과 육진의 본성이 허물어지거나 섞이지
않으며

근성진성 무괴무잡
根性塵性 無壞無雜

육근과 육진이 허물어지지 않기 때문에

근진무괴고
根塵無壞故

8만4천 다라니문이 허물어지거나 섞이지 않느

니라.

여시내지다라니문　무괴무잡
如是乃至陀羅尼門　無壞無雜

이는 마치 백천 개의 등에서 나오는 불빛이 하나의 방 안을 비출 때, 백천 등의 불빛이 방 안에 가득하지만 각각의 불빛이 허물어지거나 섞이지 않는 것과 같으니라.

여백천등　광조일실　기광변만　무괴무잡
如百千燈　光照一室　其光徧滿　無壞無雜

선남자야

선남자
善男子

원각을 성취하기 때문에

각성취고
覺成就故

마땅히 알아라.

당지
當知

보살은 어떤 것에도 얽매이지 않고

보살　불여법박
菩薩　不與法縛

어떤 것도 벗어나고자 하지 않으며

불구법탈
不求法脫

생사를 싫어하지도 않고

불염생사
不厭生死

열반을 좋아하지도 않으며

불애열반
不愛涅槃

계를 잘 지킴을 공경하지도 않고

불경지계
不敬持戒

파계한 이를 미워하지도 않으며

부증훼금
不憎毀禁

오래 공부한 이를 중히 여기지도 않고

부중구습
不重久習

초학자를 가볍게 여기지도 않느니라. 不輕初學

그 까닭이 무엇인가? 何以故

일체가 원각이기 때문이니라. 一切覺故

비유컨대 안광(眼光)이 눈앞의 경계를 분명하게 볼 때 그 안광이 원만하여 미워하고 사랑하는 마음이 없는 것과 같나니

譬如眼光 曉了前境 其光圓滿 得無憎愛

그 까닭이 무엇인가? 何以故

안광 자체에 분별이 없고 미워함과 사랑함이 없기 때문이니라.

光體無二 無憎愛故

선남자야 善男子

보살과 말세의 중생이 이 원각의 마음을 닦아 공부를 이루면

修習此心 得成就者

더 닦을 것도 더 성취할 것도 없게 되며

於此無修 亦無成就

원각의 두루 비춤[普照]과 적멸(寂滅)이 둘이 없게 되

느니라.

원각보조적멸무이
圓覺普照寂滅無二

이 가운데 말로 표현할 수 없는 백천만억 아
승지 항하의 모래만큼 많은 모든 부처님의 세
계가 허공꽃처럼 어지럽게 피어나고 사라지나
니

어 중 백
於中百

천만억아승지　불가설항하사　제불세계　유여공화　난기난멸
千萬億阿僧祇　不可說恒河沙　諸佛世界　猶如空華　亂起難滅

이는 원각도 아니요 원각을 떠난 것도 아니며

부 즉 불 리
不卽不離

원각에 얽매임도 없고 원각을 벗어남도 없음
이니

무 박 무 탈
無縛無脫

비로소 중생이 본래성불이요

本來成佛

시 지　중생본래성불
始知　衆生本來成佛

생사와 열반이 지난 밤의 꿈과 같음을 알게
되느니라.

생 사 열 반　유 여 작 몽
生死涅槃　猶如昨夢

선남자야

선 남 자
善男子

지난 밤의 꿈과 같으므로 마땅히 알아라.

여 작 몽 고　당 지
如昨夢故　當知

생 사 급 여 열 반
生死及與涅槃

생사와 열반은

일어남도 없고 멸함도 없으며 無起無滅

오는 것도 없고 가는 것도 없느니라. 無來無去

증득해야 할 원각은 其所證者

얻을 것도 없고 잃을 것도 없으며 無得無失

취할 것도 없고 버릴 것도 없느니라. 無取無捨

또한 원각을 능히 증득하는 이 또한 其能證者

지을 것〔作〕도 그칠 것〔止〕도 없고 無作無止

맡길 것〔任〕도 멸할 것〔滅〕도 없느니라. 無任無滅

이와 같이 원각의 증득에 있어서는 증득의 주체도 없고 대상도 없으며 於此證中 無能無所

마침내는 증득함도 없고 증득하는 이도 없나니 畢竟無證 亦無證者

일체 법의 본성〔法性〕은 평등하여 무너지지 않느니라. 一切法性 平等不壞

선남자야 善男子

모든 보살이 彼諸菩薩

이와 같이 수행하고 _{여시수행} 如是修行

이와 같이 차례로 닦고 _{여시점차} 如是漸次

이와 같이 사유하고 _{여시사유} 如是思惟

이와 같이 머물면서 _{여시주지} 如是住持

이와 같은 방편으로 _{여시방편} 如是方便

이와 같은 깨달음을 열고 _{여시개오} 如是開悟

이와 같은 법을 구하면 _{구여시법} 求如是法

미혹하거나 답답하지 않게 되느니라." _{역불미민} 亦不迷悶

그때 세존께서 거듭 이 뜻을 펴시고자 게송으로 이르셨다.
爾時 世尊 欲重宣此義 而說偈言

보안이여	너희들은	마땅히 알라	普眼汝當知
시방세계	한량없는	모든 중생의	一切諸衆生
몸과 마음	모두가 다	환과 같나니	身心皆如幻
몸뚱이는	사대로써	이루어졌고	身相屬四大
마음 성품	육진으로	돌아가노라	心性歸六塵

			사 대 체 각 리
사대로 된	이 몸뚱이	흩어진 다음	四大體各離
어느 누가	이를 다시	모을 수 있나	수 위 화 합 자 誰爲和合者
이 법문을	차츰차츰	닦아나가면	어 시 점 수 행 如是漸修行
모든 것이	남김없이	청정해지고	일 체 실 청 정 一切悉淸淨
동함 없이	온 법계에	두루하여서	부 동 변 법 계 不動徧法界
지음 그침	맡김 멸함	있을 수 없고	무 작 지 임 멸 無作止任滅
증득하는	주체 또한	없음이로다	역 무 능 증 자 亦無能證者
일체 모든	부처님의	세계까지도	일 체 불 세 계 一切佛世界
저 허공에	피어 있는	꽃과 같으며	유 여 허 공 화 猶如虛空華
과거 현재	미래들도	다 평등하여	삼 세 실 평 등 三世悉平等
마침내는	오고 감도	없음이로다	필 경 무 래 거 畢竟無來去
보리심을	처음 발한	보살과 함께	초 발 심 보 살 初發心菩薩
근기 약한	말법 세상	모든 중생이	급 말 세 중 생 及末世衆生
부처되는	길 속으로	들어서려면	욕 구 입 불 도 欲求入佛道
모름지기	이와 같음	닦아 익혀라	응 여 시 수 습 應如是修習

〈제3 보안보살장 끝〉

金剛藏菩薩章
제4 금강장보살장
미혹의 본질

그때 금강장보살(金剛藏菩薩)이 대중 가운데 있다가 자리에서 일어나, 부처님의 발에 이마를 대어 예배하고 부처님 주위를 오른쪽으로 세 번 돈 다음, 무릎을 꿇고 앉아 차수합장하고 부처님께 아뢰었다.

어시 금강장보살
於是 金剛藏菩薩

제 대중중　즉종좌기　정례불족　우요삼잡　장궤차수　이백불언
在大衆中 卽從座起 頂禮佛足 右繞三匝 長跪叉手 而白佛言

"대비 세존이시여, 모든 보살들을 위하여

대비세존　선위일체제보살중
大悲世尊 善爲一切諸菩薩衆

여래의 원각청정대다라니를 얻는 인지법행과
圓覺淸淨大陀羅尼　　　　　　　　因地法行

점차로 닦아 익혀야 할 방편을 잘 설하시어
漸次　　　　　　　　方便

선양 여래 원각청정대다라니 인지법행 점차방편
宣揚 如來 圓覺淸淨大陀羅尼 因地法行 漸次方便

중생들의 몽매함을 깨우쳐 주셨기에

여제중생 개발몽매
與諸衆生 開發蒙昧

이 법회에 모인 대중들은 부처님의 자비로운
가르침을 받아

재회법중 승불자회
在會法衆 承佛慈誨

환으로 인한 가리움이 완전히 사라져서 청정
幻
한 지혜의 눈을 갖추게 되었나이다.

환예랑연 혜목청정
幻翳朗然 慧目淸淨

하오나 세존이시여, 만일 모든 중생이 본래성
本來成

불하였다면
佛

세존 약제중생 본래성불
世尊 若諸衆生 本來成佛

어찌하여 일체의 무명이 있는 것이옵니까?
無明

하고 부유일체무명
何故 復有一切無明

만일 무명이 중생에게 본래 있는 것이라면

약제무명 중생본유
若諸無明 衆生本有

어떠한 인연으로 여래께서는 '본래 성불'이라
고 설하셨나이까?
何因緣故 如來復說本來成佛
하인연고 여래부설본래성불

시방의 중생이 본래 성불하였는데 뒷날 다시
무명을 일으킨 것이라면
十方異生 本成佛道 後起無明
시방이생 본성불도 후기무명

일체 여래께는 언제 다시 일체 번뇌가 생기옵
니까?
一切如來 何時 復生一切煩惱
일체여래 하시 부생일체번뇌

오직 원하옵건대 막힘없는 대자비로 물리치지
마시옵고, 보살들을 위해 여래의 비밀장을 열
어주소서.
唯願不捨無遮大慈 爲諸菩薩 開秘密藏
유원불사무차대자 위제보살 개비밀장

그리고 말세의 일체 중생들로 하여금 수다라교
(부처님께서 설하신 교법)의 요의법문(진실하고 극진한 이치가 담긴 법문)을 들을 수 있게
하시어, 의심을 완전히 끊어주옵소서."
及爲末世一切衆生 得聞如是修多羅敎了義法門 永斷疑悔
급위말세일체중생 득문여시수다라교요의법문 영단의회

이렇게 아뢴 다음 오체투지의 절을 올리면서

세 번을 거듭 청하였다.

작시어이 오체투지 여시삼청 종이부시
作是語已 五體投地 如是三請 終而復始

그때 세존께서 금강장보살에게 이르셨다.

이시 세존 고금강장보살언
爾時 世尊 告金剛藏菩薩言

"착하고 훌륭하구나, 선남자야.

선재선재 선남자
善哉善哉 善男子

너희가 모든 보살과 말세의 중생을 위해

여등 내능위제보살 급말세중생
汝等 乃能爲諸菩薩 及末世衆生

여래의 매우 깊고 비밀스런 구경방편에 대해

究竟方便

묻는구나.

문 어여래 심심비밀 구경방편
問 於如來 甚深秘密 究竟方便

이는 모든 보살의 가장 높은 가르침인 요의대

了義大

승이니

乘

시제보살 최상교회 요의대승
是諸菩薩 最上敎誨 了義大乘

능히 시방세계에서 수행하는 보살과 말세의

일체 중생으로 하여금

능사시방수학보살 급제말세일체중생
能使十方修學菩薩 及諸末世一切衆生

결정적인 신심을 얻게 하고 의심을 완전히 끊

게 하느니라.

득 결정신 영단의회
得決定信 永斷疑悔

이제 자세히 들어라. 마땅히 너희를 위해 설하
리라."

여금제청 당위여설
汝今諦聽 當爲汝說

이에 금강장보살은 가르침을 받고자 기쁜 마
음으로 대중들과 함께 조용히 귀를 기울였다.

시 금강장보살 봉교환희 급제대중 묵연이청
時 金剛藏菩薩 奉教歡喜 及諸大衆 黙然而聽

"선남자야

선남자
善男子

일체 세계의 처음과 끝〔始終〕, 생과 멸〔生滅〕, 앞
과 뒤〔前後〕, 있음과 없음〔有無〕, 모임과 흩어짐〔
聚散〕, 일어남과 그침〔起止〕 등에 대한

일체세계 시종 생멸 전후 유무 취산 기지
一切世界 始終 生滅 前後 有無 聚散 起止

생각들을 끊임없이 계속하고 순환 왕복하면
서 이것저것들을 취하고 버리는 것이 다 윤회
이니라.

념념상속 순환왕복 종종취사 개시윤회
念念相續 循環往復 種種取捨 皆是輪廻

이러한 윤회를 벗어나지 못한 채 원각을 분별
하고 판단하게 되면

미출윤회 이변원각
未出輪廻 而辨圓覺

원각의 본성마저 함께 흘러다니게 되나니[流轉]

彼圓覺性 卽同流轉

설혹 윤회를 면하려 한들 어떻게 면할 수 있겠느냐?

若免輪廻 無有是處

비유컨대, 눈동자가 요동치면 잔잔한 물이 흔들리는 듯하고

譬如動目 能搖湛水

뜨고 있는 눈앞에 불을 붙인 막대기를 돌리면 둥근 불바퀴같이 보이고

又如定眼 猶廻轉火

구름이 빠르게 흘러가면 달이 움직이는 듯하고

雲駛月運

배가 나아가면 강가의 언덕이 움직이듯이 보이는 것과 같으니라.

舟行岸移 亦復如是

선남자야

善男子

나의 회전과 움직임을 쉬지 않은 채 저 사물이 먼저 멈추기를 바라는 것은 있을 수 없는 일이니라.

諸旋未息 彼物先住 尙不可得

하물며 윤전생사(輪轉生死)(생사 속을 굴러다 님. 곧 생사윤회)하는 때묻은 마음이 아직 청정하지 않은데

何況輪轉生死垢心 曾未淸淨
하 황 윤 전 생 사 구 심   증 미 청 정

부처의 원각을 관(觀)한들 어찌 윤전하지 않을 수 있겠느냐?

觀佛圓覺 而不旋復
관 불 원 각   이 불 선 복

이 때문에 너희가 질문을 한 세가지 의혹을 문득 내게 된 것이니라.

是故汝等 便生三惑
시 고 여 등   변 생 삼 혹

선남자야

善男子
선 남 자

비유컨대 눈병이 생겨 헛되이 허공의 꽃이 보였는데

譬如幻翳 妄見空華
비 여 환 예   망 견 공 화

눈병이 나은 다음

幻翳若除
환 예 약 제

'눈병이 없어졌다. 언제 다시 눈병이 생겨날까' 하는 것은 옳지 않느니라.

不可說言 此翳已滅 何時 更起一切諸翳
불 가 설 언   차 예 이 멸   하 시   갱 기 일 체 제 예

그 까닭이 무엇인가?

何以故
하 이 고

눈병과 허공꽃 이 두 가지는 서로 상대적인

것이 아니기 때문이니라. 翳華二法 非相待故
예화이법 비상대고

또 허공꽃이 허공에서 사라질 때
亦如空華 滅於空時
역여공화 멸어공시

'허공이 언제 다시 꽃을 피울까'라고 하는 것도 옳지 않느니라. 不可說言 虛空 何時 更起空華
불가설언 허공 하시 갱기공화

그 까닭이 무엇인가? 何以故
하이고

허공에는 본래 꽃이 없으며 피어나거나 사라지지 않기 때문이니라. 空本無華 非起滅故
공본무화 비기멸고

생사와 열반(완전한 열반이 아니라 생사와 반대되는 열반)은 허공에 꽃이 일어나고 멸하는 것과 같지만 生死涅槃 同於起滅
생사열반 동어기멸

묘한 원각의 원만한 비춤은 눈병과 허공꽃을 벗어나 있느니라. 妙覺圓照 離於華翳
묘각원조 이어화예

선남자야, 마땅히 알아라. 善男子 當知
선남자 당지

허공은 잠시 있는 것도 아니요 잠시 없는 것도 아니거늘 虛空 非是暫有 亦非暫無
허공 비시잠유 역비잠무

어찌 다시 여래의 원각묘심이 허공의 평등
圓覺妙心 平等

本性
본성이 됨이겠는가.

황부여래 원각묘심 이위허공 평등본성
況復如來 圓覺妙心 而爲虛空 平等本性

선남자야

선남자
善男子

금이 들어 있는 광석을 녹여 순금을 얻게 되지만 금은 녹이는 그때 새로 생겨난 것이 아니며

여소금광 금비소유
如銷金鑛 金非銷有

일단 순금이 된 다음에는 다시 광석이 되지 않느니라.

기이성금 부중위광
旣已成金 不重爲鑛

무궁한 시간이 흘러도 금의 본성은 파괴되지 않으며

경무궁시 금성불괴
經無窮時 金性不壞

본래 금이 이루어져 있는 것이 아니라고 말하지 못하나니

불응설언본비성취
不應說言本非成就

여래의 원각 또한 이와 같으니라.

여래원각 역부여시
如來圓覺 亦復如是

선남자야

선남자
善男子

일체 여래의 묘한 원각심에는

圓覺心

일체여래 묘원각심
一切如來 妙圓覺心

본래 보리와 열반이 없고

본무보리급여열반
本無菩提及與涅槃

성불과 성불하지 않음이 없으며

역 무 성 불　급 불 성 불
亦無成佛 及不成佛

허망한 윤회와 윤회 아닌 것이 없느니라.

무 망 윤 회 급 비 윤 회
無妄輪廻及非輪廻

선 남 자
善男子

선남자야

몸과 마음과 언어를 모두 끊어 없애는〔斷滅〕
聲聞
성문들의 원만 경계로는

단 제 성 문　소 원 경 계　신 심 어 언　개 실 단 멸
但諸聲聞 所圓境界 身心語言 皆悉斷滅

부처님께서 깨달아 얻은 열반의 경지에 결코
이를 수가 없느니라.　종 불 능 지　피 지 친 증　소 현 열 반
終不能至 彼之親證 所現涅槃
하물며 사유하는 마음(대상들에 대하여 헤아리는 마음)으로 어찌 감
히 여래의 원각 경계를 측량할 수 있겠는가.

하 황 능 이 유 사 유 심　측 도 여 래 원 각 경 계
何況能以有思惟心 測度如來圓覺境界

이는 마치 반딧불로 수미산을 태우려고 하나
끝내 태울 수 없는 것과 같나니

여 취 형 화　소 수 미 산　종 불 능 착
如取螢火 燒須彌山 終不能著

윤회하는 마음으로 윤회하는 소견을 내어

이 윤 회 심 생 윤 회 견
以輪廻心 生輪廻見

여래의 대적멸해(아주 크고 고요한 바다)로 들어가려 하면 끝내 이룰 수 없느니라.

입 어 여 래 대 적 멸 해 종 불 능 지
入於如來 大寂滅海 終不能至

그러므로 나는 일체보살과 말세의 중생으로 하여금, '먼저 시작을 알 수 없는 윤회의 근본부터 끊어라'고 설하는 것이니라.

시 고 아 설 일 체 보 살 급 말 세 중 생 선 단 무 시 윤 회 근 본
是故 我說 一切菩薩 及末世衆生 先斷無始輪廻根本

선남자야

선 남 자
善男子

지음이 있는 사유(헤아려 생각함)는 마음에서 일어나는 것으로

유 작 사 유 종 유 심 기
有作思惟 從有心起

모두가 육진으로 인한 망상의 그림자일 뿐

개 시 육 진 망 상 연 기
皆是六塵 妄想緣氣

진실한 마음 바탕이 아니라 허공꽃과 같은 것이니라.

비 실 심 체 이 여 공 화
非實心體 已如空華

사유로써 부처님의 경계를 알려고 하는 것은

用此思惟 辨於佛境

허공꽃이 다시 허공열매를 맺는 것과 같아서

猶如空華 復結空果

망상만 점점 더해질 뿐 옳지가 않느니라.

展轉妄想 無有是處

선남자야

善男子

허망하고 들뜬 마음의 교묘한 견해로는 원각
의 방편을 성취하지 못하나니

虛妄浮心 多諸巧見 不能成就圓覺方便

이와 같은 분별 속의 질문은 바른 것이 못되
느니라."

如是分別 非爲正問

그때 세존께서 거듭 이 뜻을 펴시고자 게송으
로 이르셨다.

爾時 世尊 欲重宣此義 而說偈言

금강장아 너희들은 마땅히 알라

金剛藏當知

여래들이	증득하신	^{寂滅} 적멸 본성은	여래적멸성 **如來寂滅性**
애초부터	끝도 없고	시작도 없다	미증유종시 **未曾有終始**
만일 누가	윤회하는	마음 일으켜	약이윤회심 **若以輪廻心**
^{寂滅性} 적멸성을	사유 하면	거꾸로 돌아	사유즉선복 **思惟卽旋復**
윤회하는	경계 속에	빠져 들어서	단지윤회제 **但至輪廻際**
부처님의	바다로는	못 들어간다	부능입불해 **不能入佛海**
비유하면	금광석을	녹이기 전에	비여소금광 **譬如銷金鑛**
금은 이미	그 가운데	있었느니라	금비소고유 **金非銷故有**
허나 본래	순수한 금	품고 있어도	수부본내금 **雖復本來金**
금광석을	녹여야만	순금이 되며	종이소성취 **終以銷成就**
순금으로	온전하게	만들어지면	일성진금체 **一成眞金體**
금은 다시	금광석이	되지 않노라	불부중위광 **不復重爲鑛**
중생들의	^{生 死} 생과 사와	부처의 열반	생사여열반 **生死與涅槃**
이 세상의	범부들과	모든 부처님	범부급제불 **凡夫及諸佛**
분별하면	이 모두가	허공꽃이요	동위공화상 **同爲空華相**
^{思惟} 사유 또한	허깨비와	다름없거늘	사유유환화 **思惟猶幻化**
어찌 가히	허망한 것	자꾸 따지리	하황힐허망 **何況詰虛妄**

만일 능히   이런 마음   잘 알게되면   若能了此心
그 후에는   묘한 원각   구할 수 있다   然後求圓覺

〈제4 금강장보살장 끝〉

제5 미륵보살장

彌勒菩薩章

윤회를 끊는 법

그때 미륵보살이 대중 가운데 있다가 자리에서 일어나, 부처님의 발에 이마를 대어 예배하고 부처님 주위를 오른쪽으로 세 번 돈 다음, 무릎을 꿇고 앉아 차수합장하고 부처님께 아뢰었다.

어시 미륵보살
於是 彌勒菩薩

제대중중 즉종좌기 정례불족 우요삼잡 장궤차수 이백불언
在大衆中 卽從座起 頂禮佛足 右繞三匝 長跪叉手 而白佛言

"대비 세존이시어, 널리 보살들을 위해 여래의 비밀장을 여시어

秘密藏

대비세존 광위보살 개비밀장
大悲世尊 廣爲菩薩 開秘密藏

대중들로 하여금 윤회를 깊이 깨닫게 하고

영제대중 심오윤회
令諸大衆 深悟輪迴

삿된 것과 바른 것을 분별할 수 있게 하셨으며

분별사정
分別邪正

능히 말세의 일체 중생을 위해 두려움 없는
도의 안목〔無畏道眼〕을 베푸시어

능 시 말 세 일 체 중 생   무 외 도 안
能施末世一切衆生 無畏道眼

大涅槃
대열반에 대한 결정적인 믿음을 일으키고〔生決

정신
定信〕

어 대 열 반   생 결 정 신
於大涅槃 生決定信

다시는 윤전생사의 경계를 따라 돌고 도는 견
해들을 일으킴이 없도록 하셨나이다.

무 부 중 수 윤 전 경 계   기 순 환 견
無復重隨輪轉境界 起循環見

세존이시여, 만일 보살들과 말세의 중생이

세 존   약 제 보 살   급 말 세 중 생
世尊 若諸菩薩 及末世衆生

大寂滅海
여래의 대적멸해에서 노닐고자 하면

욕 유 여 래 대 적 멸 해
欲遊如來大寂滅海

윤회의 근본을 어떻게 끊어야 하옵니까?

운하당단윤회근본
云何當斷輪廻根本

그리고 윤회에는 몇가지 종류가 있으며

어제윤회 유기종성
於諸輪廻 有幾種性

부처님의 보리^{菩提}를 닦는 데는 몇 가지 차별이

있나이까?

수불보리 기등차별
修佛菩提 幾等差別

또한 중생의 세계로 들어가 몇 가지 교화 방
편을 베풀어야 중생을 제도할 수 있나이까?

회입진로 당설기종교화방편 도제중생
廻入塵勞 當設幾種敎化方便 度諸衆生

오직 원하옵건대 세상을 구하는 대자비를 버
리지 않으시어

유원불사구세대비
唯願不捨救世大悲

수행하는 일체의 보살과 말세의 중생들로 하
여금

영제수행일체보살 급말세중생
令諸修行一切菩薩 及末世衆生

지혜의 눈을 맑게 하고 마음 거울의 빛을 밝
게 하여

혜목숙청 조요심경
慧目肅淸 照耀心鏡

여래의 위없는 지견을 뚜렷이 깨닫게 하옵소
서."

원오여래무상지견
圓悟如來無上知見

이렇게 아뢴 다음 오체투지의 절을 올리면서 세 번을 거듭 청하였다.

직시어이 오세투지 녀시삼청 송이무시
作是語已 五體投地 如是三請 終而復始

그때 세존께서 미륵보살에게 이르셨다.

이시 세존 고미륵보살언
爾時 世尊 告彌勒菩薩言

"착하고 훌륭하구나, 선남자야.

선재선재 선남자
善哉善哉 善男子

너희가 모든 보살과 말세의 중생을 위해

여등 내능위제보살 급말세중생
汝等 乃能爲諸菩薩 及末世衆生

여래의 깊고 오묘하고 비밀스럽고 미묘한 뜻을 물어서

청문여래 심오비밀미묘지의
請問如來 深奧秘密微妙之義

보살들로 하여금 지혜의 눈을 더욱 맑게 하고

영제보살 결청혜목
令諸菩薩 潔清慧目

말세의 중생들로 하여금 영원히 윤회를 끊고

급령일체말세중생 영단윤회
及令一切末世衆生 永斷輪廻

마음으로 실상을 깨달아 무생법인을 갖출 수 있게 하려 하는구나.

심오실상 구무생인
心悟實相 具無生忍

이제 자세히 들어라. 마땅히 너희를 위해 설하
리라."

<ruby>여금제청<rt>汝今諦聽</rt></ruby> <ruby>당위여설<rt>當爲汝說</rt></ruby>
汝今諦聽 當爲汝說

이에 미륵보살은 가르침을 받고자 기쁜 마음
으로 대중들과 함께 조용히 귀를 기울였다.

시 미륵보살 봉교환희 급제대중 묵연이청
時 彌勒菩薩 奉敎歡喜 及諸大衆 黙然而聽

"선남자야

선남자
善男子

일체 중생은 아주 오랜 옛적부터

일체중생 종무시제
一切衆生 從無始際

갖가지 은애(恩愛)(은혜와 사랑)와 탐욕을 가짐으로써 윤회
하게 되었느니라.

유유종종은애탐욕고 유윤회
由有種種恩愛貪欲故 有輪廻

모든 세계의 태생(胎生)·난생(卵生)·습생(濕生)·화생(化生)의 일체종성(一切種性)
은

약제세계 일체종성 난생태생습생화생
若諸世界 一切種性 卵生胎生濕生化生

모두 음욕(淫欲)으로 말미암아 제 나름의 생명을 타
고 나나니

개인음욕 이정성명
皆因淫欲 而正性命

마땅히 알아라. 사랑(愛)이 윤회의 근본이니라.

당지 윤회 애위근본
當知 輪廻 愛爲根本

사랑하는 마음〔愛性〕이 애욕들을 일어나게 돕고

유뮤세복조발애성
由有諸欲助發愛性

이 때문에 태어남과 죽음이 계속 이어지나니

시고 능력생사 상속
是故 能令生死 相續

애욕은 사랑함으로 인해 생겨나고

욕인애생
欲因愛生

목숨〔命〕은 애욕으로 인해 있게 되느니라.

명인욕유
命因欲有

중생은 목숨을 사랑하기 때문에〔愛命〕

중생애명
衆生愛命

근본인 애욕에 의지하나니

환의욕본
還依欲本

애욕은 인이 되고

애욕위인
愛欲爲因

목숨에 대한 사랑은 과가 되느니라.

애명위과
愛命爲果

저 애욕의 대상을 만나면

유어욕경
由於欲境

어긋난다 맞다는 생각을 일으키고

기제위순
起諸違順

대상이 사랑하는 마음〔愛心〕을 등지면

경배애심
境背愛心

미움과 질투를 일으키는 등

이생증질
而生憎嫉

갖가지 업을 짓게 되나니

조종종업
造種種業

이 업 때문에 지옥이나 아귀의 세계에 태어나게 되느니라.

_{시고부생지옥아귀}
是故復生地獄餓鬼

그러나 애욕을 가히 혐오하여

_{지욕가염}
知欲可厭

업을 싫어하고 도를 사랑하며

_{애염업도}
愛厭業道

악을 버리고 선을 즐겨 행하면

_{사악낙선}
捨惡樂善

다시 천인(욕계 육천의 천인)과 인간으로 태어나게 되느니라.

_{부현천인}
復現天人

또한 사랑을 혐오하여 사랑을 포기하고 버리는 것만을 즐겨하면 도리어 사랑하는 마음(愛本)을 자라나게 한다는 것을 알아야 하나니

_{우지제애가염오고 기애낙사 환자애본}
又知諸愛可厭惡故 棄愛樂捨 還滋愛本

이것이 유위증상(색계와 무색계의 천상으로 올라가는 과보)의 선과를 얻을 수는 있게 하지만

_{변현유위증상선과}
便現有爲增上善果

이 또한 윤회에 속한 것이기 때문에 거룩한 도는 성취하지 못하느니라.

_{개윤회고 불성성도}
皆輪廻故 不成聖道

그러므로 중생이 생사를 벗어나 윤회를 면하고자 하면

_{시고중생 욕탈생사 면제윤회}
是故衆生 欲脫生死 免諸輪廻

먼저 탐욕을 끊고 갈애를 없애야 하느니라.

先斷貪欲 及除愛渴

선남자야

善男子

보살이 변화하여 세간에 모습을 나타낼 때는
애욕을 근본으로 삼지 않나니

菩薩變化 示現世間 非愛爲本

오로지 자비로써 중생의 애욕을 버리게 하기
위해

但以慈悲 令彼捨愛

중생이 원하는 탐욕의 모습들을 빌어 생사의
세계로 들어오는 것이니라.

假諸貪欲 而入生死

만일 말세의 일체 중생이 능히 애욕을 버리고

若諸末世一切衆生 能捨諸欲

미움과 사랑〔憎愛〕을 제거하여 길이 윤회를 끊
으면서

及除憎愛 永斷輪廻

부지런히 여래의 원각경계를 구하면

勤求如來圓覺境界

청정심에 의해 문득 깨달음을 얻게 되느니라.

於淸淨心 便得開悟

선남자야

善男子

일체 중생은 본래 탐욕으로 말미암아 무명을 발휘함으로써

一切衆生 由本貪欲 發揮無明

서로 다른 오성(외도성·성문성·연각성·보살성·여래성)의 차별을 드러내고

顯出五性差別不等

두 가지 장애(二障)에 의해 오성의 깊고 얕음을 드러내느니라.

依二種障 而現深淺

무엇이 두가지 장애인가?

云何二障

첫째는 이장(정견을 방해하는 번뇌)이니 바른 지견을 장애하고

一者理障 礙正知見

둘째는 사장(현실 속의 장애로 각종 물든 생각들)이니 생사를 계속 이어지게 만드느니라.

二者事障 續諸生死

선남자야

善男子

이 이장과 사장을 모두 끊어 없애지 못하면 '부

처를 이루었다〔成佛〕'고 이름하지 않느니라.

若此二障 未得斷滅 名未成佛
약차이장 미득단멸 명미성불

이장과 사장으로 어떻게 오성을 드러내는가?

云何五性
운하오성

만일 어떤 중생들이 영원히 탐욕을 버리고 먼저 사장을 제거했을지라도 이장을 끊지 못하였다면

若諸衆生 永捨貪欲 先除事障 未斷理障
약제중생 영사탐욕 선제사장 미단이장

단지 성문과 연각의 경지로 깨달아 들어간 것일 뿐 아직 보살의 경지에 머물러 있다고 보지 않느니라.

但能悟入聲聞緣覺 未能顯住菩薩境界
단능오입성문연각 미능현주보살경계

선남자야

善男子
선남자

만일 말세의 일체 중생이 여래의 대원각해에서 노닐고자 하면

若諸末世一切衆生 欲泛如來大圓覺海
약제말세일체중생 욕범여래대원각해

먼저 원을 발한 다음 부지런히 사장과 이장을 끊어야 하나니

先當發願 勤斷二障
선당발원 근단이장

이 두 장애가 잘 다스려지면

二障已伏
이장이복

보살의 경계로 깨달아 들어갔다고 보며

즉능오입보살경계
卽能悟入菩薩境界

이장과 사장을 완전히 끊어 멸하게 되면

약사이장 이영단멸
若事理障 已永斷滅

여래의 미묘한 원각에 들어가서 보리와 대열반을 원만히 갖추게 되느니라.

즉입여래미묘원각 만족보리급대열반
卽入如來微妙圓覺 滿足菩提及大涅槃

선남자야

선남자
善男子

일체 중생은 모두 원각을 증득할 수 있나니

일체중생 개증원각
一切衆生 皆證圓覺

선지식을 만나 그분들이 성취한 인지법행에 의지하여

봉선지식 의피소작인지법행
逢善知識 依彼所作因地法行

그때그때 닦아 익히면 문득 단박에 깨닫거나 차츰 닦아가게 되느니라.

이시수습 변유돈점
爾時修習 便有頓漸

만일 여래의 위없는 깨달음의 바른 수행길을 만난다면

약우여래무상보리정수행로
若遇如來無上菩提正修行路

근기의 크고 작음에 관계없이 모두가 불과^{佛果}를
성취하게 되느니라.
근무대소 개성불과
根無大小 皆成佛果

만일 중생들이 선한 벗[선우善友]을 구하다가
약제중생 수구선우
若諸衆生 雖求善友

삿된 견해를 지닌 자를 만나게 되면 바른 깨
달음을 얻지 못하나니
우사견자 미득정오
遇邪見者 未得正悟

그를 일러 외도종성^{外道種性}이라 하느니라.
시칙명위외도종성
是則名爲外道種性

이는 삿된 스승의 잘못일 뿐 중생의 허물이
아니로다.
사사과류 비중생구
邪師過謬 非衆生咎

이상을 이름하여 중생의 오성차별^{五性差別}(다섯 가지
성품의 차별)이라
하느니라.
시명중생 오성차별
是名衆生 五性差別

선남자야
선남자
善男子

보살은 오직 대자비의 방편으로 모든 세간 속
으로 들어가 깨치지 못한 이들을 깨우치고
보살 유이대비방편 입제세간 개발미오
菩薩 唯以大悲方便 入諸世間 開發未悟

역경계와 순경계의 여러 가지 모습을 나타내어 동사섭(同事攝: 고락을 함께 하며 교화하고 포섭함)을 행함으로써 중생을 성불하게 하나니

내 지 시 현 종 종 형 상　역 순 경 계　여 기 동 사　화 령 성 불
乃至示現種種形相 逆順境界 與其同事 化令成佛

이 모두가 무시 이래의 청정한 원력에 의한 것이니라.

개 의 무 시 청 정 원 력
皆依無始淸淨願力

만일 말세의 일체 중생이

약 제 말 세 일 체 중 생
若諸末世一切衆生

대원각(大圓覺)에 의지하여 더 향상하겠다는 마음을 일으켰다면

어 대 원 각　기 증 상 심
於大圓覺 起增上心

보살의 청정대원을 발하면서 마땅히 이렇게 말할지니라.

당 발 보 살 청 정 대 원　응 작 시 언
當發菩薩淸淨大願 應作是言

'원하옵니다. 제가 지금 부처님의 원각에 머물고자 선지식을 구하오니, 외도(外道)와 이승(二乘)은 만나지 않게 하여지이다.'

원 아 금 자　주 불 원 각　구 선 지 식　막 치 외 도 급 여 이 승
願我今者 住佛圓覺 求善知識 莫値外道及與二乘

청정대원에 의지하고 수행하여 점차 모든 장애를 끊게 되면 장애가 다하고 원력만이 가득

하여져서 　　　　　　　依願修行 漸斷諸障 障盡願滿
　　　　　　　　　　（의원수행 점단제장 장진원만）

문득 해탈하여 청정한 법의 궁전〔淸淨法殿〕에 올
라 대원각의 오묘한 장엄세계를 증득하게 되
느니라."　　　便登解脫淸淨法殿 證大圓覺妙莊嚴域
　　　　　　（변등해탈청정법전 증대원각묘장엄역）

그때 세존께서 거듭 이 뜻을 펴시고자 게송으
로 이르셨다.　　爾時 世尊 欲重宣此義 而說偈言
　　　　　　　　（이시 세존 욕중선차의 이설게언）

미륵이여　너희들은　마땅히 알라　彌勒汝當知
　　　　　　　　　　　　　　　　（미륵여당지）

시방세계　한량없는　모든 중생이　一切諸衆生
　　　　　　　　　　　　　　　　（일체제중생）

부처님의　대해탈을　얻지 못함은　不得大解脫
　　　　　　　　　　　　　　　　（부득대해탈）

모름지기　탐욕으로　말미암아서　皆由貪欲故
　　　　　　　　　　　　　　　　（개유탐욕고）

생사속에　떨어졌기　때문이니라　墮落於生死
　　　　　　　　　　　　　　　　（타락어생사）

만일 능히　미워하고　사랑하는 것　若能斷憎愛
　　　　　　　　　　　　　　　　（약능단증애）

탐진치의　삼독들을　끊어낸다면　及與貪瞋癡
（貪瞋癡）　（三毒）　　　　　　（급여탐진치）

그 근기가　어떠하든　가릴 것 없이　不因差別性
　　　　　　　　　　　　　　　　（불인차별성）

모두가 다　부처의 도　이루게 된다　皆得成佛道
　　　　　　　　　　　　　　　　（개득성불도）

이장 사장 (理障 事障) 두 장애를 길이 없애며 二障永銷滅 (이장영소멸)

선지식을 힘써 찾아 바로 깨닫고 求師得正悟 (구사득정오)

보살들의 바른 원(願)에 수순한다면 隨順菩薩願 (수순보살원)

대열반을 의지하고 머물게 된다 依止大涅槃 (의지대열반)

시방세계 한량없는 모든 보살은 十方諸菩薩 (시방제보살)

하나같이 대자비의 원력으로써 皆以大悲願 (개이대비원)

생사 속에 그 모습을 나타내나니 示現入生死 (시현입생사)

현재 정진 하고 있는 수행자들과 現在修行者 (현재수행자)

장차 오는 말세 속의 어떤 중생이 及末世衆生 (급말세중생)

부지런히 애견(愛見)들을 끊어낸다면 勤斷諸愛見 (근단제애견)

문득 바로 대원각(大圓覺)에 돌아가리라 便歸大圓覺 (변귀대원각)

〈제5 미륵보살장 끝〉

제6 청정혜보살장
清淨慧菩薩章

수행의 단계와 그 차이점

그때 청정혜보살이 대중 가운데 있다가 자리에서 일어나, 부처님의 발에 이마를 대어 예배하고 부처님 주위를 오른쪽으로 세 번 돈 다음, 무릎을 꿇고 앉아 차수합장하고 부처님께 아뢰었다.

_{어 시} _{청 정 혜 보 살}
於是 淸淨慧菩薩

_{제 대 중 중} _{즉 종 좌 기} _{정 례 불 족} _{우 요 삼 잡} _{장 궤 차 수} _{이 백 불 언}
在大衆中 卽從座起 頂禮佛足 右繞三匝 長跪叉手 而白佛言

"대비 세존이시여, 저희를 위하여 이와 같은
_{不 思 議}
부사의한 법문을 설하시니 이는 일찍이 보지

못한 바요 일찍이 듣지 못한 바이옵니다.

_{대비세존 위아등배 광설여시불사의사 본소불견 본소불문}
大悲世尊 爲我等輩 廣說如是不思議事 本所不見 本所不聞

저희는 지금 부처님의 훌륭한 가르침을 받고 몸과 마음이 매우 편안해졌을 뿐 아니라 크나 큰 이익을 얻었나이다.

_{아등금자 몽불선유 신심태연 득대요익}
我等今者 蒙佛善誘 身心泰然 得大饒益

원하옵건대 이 법회에 참석한 일체대중을 위 해

_{원위제래일체법중}
願爲諸來一切法衆

법왕의 원만각성(원각)을 다시 한번 설하여 주옵 소서.

_{중선법왕 원만각성}
重宣法王 圓滿覺性

일체 중생 및 보살들과

_{일체중생 급제보살}
一切衆生 及諸菩薩

여래 세존의 증득하신 바의 내용에는

_{여래세존 소증소득}
如來世尊 所證所得

어떠한 차별이 있나이까?

_{운하차별}
云何差別

말세의 중생들이 이 거룩한 가르침을 듣고

_{영말세중생 문차성교}
令末世衆生 聞此聖敎

순리에 따라 깨달음을 열어 점점 더 원각 속으로 들어가게 하옵소서."

수순개오 점차능입
隨順開悟 漸次能入

이렇게 아뢴 다음 오체투지의 절을 올리면서 세 번을 거듭 청하였다.

작시어이 오체투지 여시삼청 종이부시
作是語已 五體投地 如是三請 終而復始

그때 세존께서 청정혜보살에게 이르셨다.

이시 세존 고청정혜보살언
爾時 世尊 告清淨慧菩薩言

"착하고 훌륭하구나, 선남자야.

선재선재 선남자
善哉善哉 善男子

너희가 이제 말세의 중생을 위해 여래에게 수행의 차례와 오성의 차이점이 무엇인지를 묻는구나.

五性

여등 내능위말세중생 청문여래 점차차별
汝等 乃能爲末世衆生 請問如來 漸次差別

이제 자세히 들어라. 마땅히 너희를 위해 설하리라."

여금제청 당위여설
汝今諦聽 當爲汝說

이에 청정혜보살은 가르침을 받고자 기쁜 마

음으로 대중들과 함께 조용히 귀를 기울였다.

시 청정혜보살 봉교환희 급제대중 묵연이청
時 淸淨慧菩薩 奉敎歡喜 及諸大衆 黙然而聽

"선남자야
선 남 자
善男子

원각의 자성은 공적하면서도 공하지 않은 성
自性   空寂

품이 있어서 오성(외도성·성문성·연각 성·보살성·여래성) 등이 좇아 일어
五性

나느니라.
원각자성 비성성유 순제성기
圓覺自性 非性性有 循諸性起

그러나 원각의 자성은 따로 취하거나 증득할

것이 없나니
무 취 무 증
無取無證

원각의 실상 가운데에는 진실로 보살이나 일

체 중생이 없느니라.
어 실 상 중 실무보살급제중생
於實相中 實無菩薩及諸衆生

그 까닭이 무엇인가?
하 이 고
何以故

보살과 중생이 다 환으로 나타난 것인지라

보 살 중 생 개 시 환 화
菩薩衆生 皆是幻化

환으로 나타났던 것이 사라졌기 때문에 취하

거나 증득할 것이 없느니라.
환 화 멸 고 무 취 증 자
幻化滅故 無取證者

이는 마치 눈이 스스로의 눈을 보지 못하는

것과 같나니

비여안근　부자견안
譬如眼根　不自見眼

원각의 본성은 스스로 평등하여 다시 더 평등할 것이 없느니라.

성사평등　무평등자
性自平等　無平等者

미혹하고 전도된 중생은 환으로 나타난 모든 것을 능히 멸하지 못하여

중생　미도　미능제멸일체환화
衆生　迷倒　未能除滅一切幻化

'멸한다, 멸하지 못한다'고 하면서 허망한 노력을 기울이고 차별을 나타내지만

어멸　미멸　망공용중　변현차별
於滅　未滅　妄功用中　便顯差別

여래의 적멸(寂滅)에 수순(隨順)함을 얻게 되면

약득여래적멸수순
若得如來寂滅隨順

진실로 적멸도 없고 적멸할 이도 없느니라.

실무적멸　급적멸자
實無寂滅　及寂滅者

선남자야

선남자
善男子

일체 중생은 무시이래(無始以來)로 (시작을 알 수 없는 아득한 옛날부터)

일체중생　종무시래
一切衆生　從無始來

망상 속의 '나'와 그 '나'를 사랑하는 것으로 말미암아

유망상아급애아자
由妄想我及愛我者

생각들이 계속 생멸하고 있음을 스스로 알지 못한 채

증부자지념념생멸
曾不自知念念生滅

미움과 사랑의 마음을 일으켜서 오욕을 탐닉하고 집착하여 왔느니라.

오욕
五欲

고기증애 탐착오욕
故起憎愛 耽著五欲

그런데 선우를 만나 그의 가르침으로 청정한 원각의 본성을 깨우쳐서 생각이 일어나고 멸하는 것을 밝게 보면

선우
善友

약우선우 교령개오정원각성 발명기멸
若遇善友 教令開悟淨圓覺性 發明起滅

마음이 스스로 힘들어하고 근심한 것임을 곧 알 수 있게 되느니라

즉지차심 성자노려
卽知此心 性自勞慮

만일 어떤 사람이 힘듦과 근심을 영원히 끊고 법계의 청정함을 얻고자 하면

약부유인 노려영단 득법계정
若復有人 勞慮永斷 得法界淨

곧 그 청정에 대한 견해〔淨解〕(청정하다는 알음 알이. 곧 분별심)가 스스로 장애를 일으켜 원각에 자재하지 못하게 되

견해
見解

정해
淨解

나니

즉 피 정 해　위 자 장 애　고 어 원 각　이 부 자 재
卽彼淨解　爲自障礙　故於圓覺　而不自在

이것을 '원각 본성에 대한 범부의 수순'이라

凡 夫　　　隨 順

이름하느니라.

자 명 범 부 수 순 각 성
此名凡夫隨順覺性

선남자야

선 남 자
善男子

일체 보살은 청정에 대한 견해가 장애라는 것

見 解

을 알기 때문에, 모름지기 이 견해의 장애〔解礙〕

해 애

를 끊지만

일 체 보 살　견 해 위 애　수 단 해 애
一切菩薩　見解爲礙　雖斷解礙

오히려 원각을 보려는데 머물러 있기 때문에,

원각을 깨닫고자 하는 것이 장애가 되어 자재

하지 못하게 되나니

유 주 견 각　각 애 위 애　이 부 자 재
猶住見覺　覺礙爲礙　而不自在

이것을 '원각 본성에 대한 미입지보살(지전地前보살이라

未 入 地 菩 薩

고도 함. 아직 십

지에 들어가지 못하고 십주·십

행·십회향의 단계에 있는 보살)의 수순'이라 이름하느니라.

차 명 보 살 미 입 지 자 수 순 각 성
此名菩薩未入地者隨順覺性

선남자야

선 남 자
善男子

비춰지는 대상과 원각이 따로 있다면 이 둘은

함께 장애가 되느니라. 有照有覺 俱名障礙

그러므로 보살은 항상 원각에 집착하지 않고 是故 菩薩 常覺不住

비춰지는 대상과 비추는 자를 동시에 고요하게(寂滅) 하느니라. 照與照者 同時寂滅

비유컨대, 어떤 사람이 자기의 머리를 스스로 끊었다면 譬如有人 自斷其首

머리가 이미 끊어졌기 때문에 끊어낼 자가 없는 것과 같으니라. 首已斷故 無能斷者

곧 장애의 마음으로 모든 장애를 스스로 멸하였다면 則以礙心 自滅諸礙

장애가 이미 사라졌으므로 장애를 없앨 자도 필요 없느니라. 礙已斷滅 無滅礙者

수다라(修多羅)(경전)의 가르침은 마치 달을 가리키는 손가락과 같나니 修多羅教 如標月指

만일 달을 보았으면 달을 가리키는 손가락이 결코 달이 아님을 알 것이니라.

약 부 견 월 　요 지 소 표 　필 경 비 월
若復見月　了知所標　畢竟非月

일체 여래가 여러 가지 언설로 보살들에게 열어 보이는 것 또한 이와 같나니

일 체 여 래 　종 종 언 설 　개 시 보 살 　역 부 여 시
一切如來　種種言說　開示菩薩　亦復如是

이것을 '원각 본성에 대한 입지보살(초지初地 이상의 보살)의 수순'이라 이름하느니라.

입 지 보 살
入地菩薩

차 명 보 살 이 입 지 자 수 순 각 성
此名菩薩已入地者隨順覺性

선남자야

선 남 자
善男子

일체 장애가 곧 구경각(완전한 깨달음)이니

究竟覺

일 체 장 애 　즉 구 경 각
一切障礙　卽究竟覺

1. 얻은 생각과 잃은 생각이 해탈 아님이 없고

解脫

득 념 실 념 　무 비 해 탈
得念失念　無非解脫

2. 이루는 법과 없애는 법 모두를 열반이라 이름하며

涅槃

성 법 파 법 　개 명 열 반
成法破法　皆名涅槃

3. 지혜와 어리석음이 모두 반야가 되고

般若

지 혜 우 치 　통 위 반 야
智慧愚癡　通爲般若

4. 보살과 외도의 성취법이 다 같은 보리이며

菩提

보살외도 소성취법 동시보리
菩薩外道 所成就法 同是菩提

5. 무명과 진여가 다름이 없는 경계요
   無明 眞如

무명진여 무이경계
無明眞如 無異境界

6. 계정혜와 음노치(음욕 분노 어리석음)가 다 청정행〔梵行〕이
   戒定慧 淫怒癡   범행
며

제계정혜 급음노치 구시범행
諸戒定慧 及淫怒癡 俱是梵行

7. 중생계와 불국토가 동일한 법성(모든 현상의 진실한 본성)이
                        法性
요

중생국토 동일법성
衆生國土 同一法性

8. 지옥과 천궁이 모두 정토이며
                    淨土

지옥천궁 개위정토
地獄天宮 皆爲淨土

9. 불성이 있건 없건 다 불도를 이루고
                    佛道

유성무성 제성불도
有性無性 齊成佛道

10. 일체의 번뇌가 필경 해탈이니라.

일체번뇌 필경해탈
一切煩惱 畢竟解脫

법계의 바다〔法界海〕와 같은 지혜로 모든 상을
        법계해   相
비추어 요달하는 것이 마치 허공과 같나니

법계해혜 조요제상 유여허공
法界海慧 照了諸相 猶如虛空

이것이 '원각 본성에 대한 여래의 수순'이라 이

름하느니라.

차명여래수순각성
此名如來隨順覺性

선남자야

선남자
善男子

다만 모든 보살들과 말세 중생은

단제보살급말세중생
但諸菩薩及末世衆生

어느 때에나 망념을 일으키지도 말고

妄念

거일체시 불기망념
居一切時 不起妄念

망념된 마음을 쉬어 없애려고도 하지 말고

어제망심 역불식멸
於諸妄心 亦不息滅

妄想

망상의 경계에 머물러 그 망상을 더 잘 알려
고도 하지 말고

주망상경 불가요지
住妄想境 不加了知

잘 알 필요가 없는 것에 대해 진실함을 판별
하려고도 하지 말지니라.

어무요지 불변진실
於無了知 不辨眞實

저 중생들이 이 법문을 듣고

피제중생 문시법문
彼諸衆生 聞是法門

믿고 이해하고 받아지녀서 놀라거나 두려워
하지 아니하면

신해수지 불생경외
信解受持 不生驚畏

이것을 '원각 본성에 대한 수순'이라 이름하느

라.

시 즉 명 위 수 순 각 성
是則名爲隨順覺性

선남자야, 마땅히 알지어다.

선 남 자 여 등 당 지
善男子 汝等當知

이와 같은 중생은 일찍이 백천만억 항하사만

恒 河 沙

큼 많은 부처님과 대보살들에게 공양하여 많

은 공덕의 근본을 심었음이니

여 시 중 생 이 증 공 양 백 천 만 억 항 하 사 제 불 급 대 보 살 식 중 덕 본
如是衆生 已曾供養百千萬億恒河沙諸佛 及大菩薩 植衆德本

一 切 種 智

부처님은 이 사람을 '일체종지를 성취하는 이'

라고 이름하느니라."

불 설 시 인 명 위 성 취 일 체 종 지
佛說是人 名爲成就一切種智

그때 세존께서 거듭 이 뜻을 펴시고자 게송으

로 이르셨다.

이 시 세 존 욕 중 선 차 의 이 설 게 언
爾時 世尊 欲重宣此義 而說偈言

청정혜여	너희들은	마땅히 알라	청 정 혜 당 지 清淨慧當知
원만하기	그지없는	菩 提 보리 본성은	원 만 보 리 성 圓滿菩提性
취하거나	증득을 할	자리 아니요	무 취 역 무 증 無取亦無證
보살들도	중생들도	본래 없지만	무 보 살 중 생 無菩薩衆生

중생 보살	부처님의	깨달음에는	각 여 미 각 시 覺與未覺時
경지마다	각기 다른	차별 있도다	점 차 유 차 별 漸次有差別
중생에겐	견해들이	장애가 되고	중 생 위 해 애 衆生爲解礙
地前菩薩 지전보살	원각 집착	못떠나지만	보 살 미 리 각 菩薩未離覺
十地 십지 속에	들어가면	寂滅 적멸하여서	입 지 영 적 멸 入地永寂滅
一切相 일체상에	머무르지	않게 되노라	무 주 일 체 상 不住一切相
대원각은	누구에나	원만하나니	대 각 실 원 만 大覺悉圓滿
이를 널리	隨順 수순한다	이름하노라	명 위 변 수 순 名爲徧隨順
말세 속의	그 어떠한	중생이라도	말 세 제 중 생 末世諸衆生
마음에서	헛된 망상	내지 않으면	심 불 생 허 망 心不生虛妄
부처님은	이 사람을	가리키면서	불 설 여 시 인 佛說如是人
현세 속의	보살이라	설하시나니	현 세 즉 보 살 現世卽菩薩
항하사수	부처님께	공양을 올려	공 양 항 사 불 供養恒沙佛
원만공덕	성취했기	때문이니라	공 덕 이 원 만 功德已圓滿
모름지기	이와 같은	여러 방편을	수 유 다 방 편 雖有多方便
수순하는	지혜라고	이름하노라	개 명 수 순 지 皆名隨順智

〈제6 청정혜보살장 끝〉

威德自在菩薩章
제7 위덕자재보살장

세 종류의 관행법〔三觀〕

그때 위덕자재보살이 대중 가운데 있다가 자리에서 일어나, 부처님의 발에 이마를 대어 예배하고 부처님 주위를 오른쪽으로 세 번 돈 다음, 무릎을 꿇고 앉아 차수합장하고 부처님께 아뢰었다.

於是 威德自在菩薩
在大衆中 卽從座起 頂禮佛足 右繞三匝 長跪叉手 而白佛言

"대비 세존이시여, 널리 저희를 위해

大悲世尊 廣爲我等

원각 본성에 수순하는 방법을 분별하시어

분별여시수순각성
分別如是隨順覺性

보살들로 하여금 마음의 광명을 깨닫게 하시
니

영제보살 각심광명
令諸菩薩 覺心光明

저희가 부처님의 원음을 이어받아서

원음
圓音

승불원음
承佛圓音

닦아 익히지 않고도 좋은 이익을 얻었나이다.

불인수습 이득선리
不因修習 而得善利

세존이시여, 마치 큰 성으로 들어가는 문이 하
나가 아니라 사방으로 열려 있어서

세존 비여대성 외유사문
世尊 譬如大城 外有四門

어느 방향에서 오든 성 안으로 들어갈 수 있
는 것과 같이

수방래자 비지일로
隨方來者 非止一路

일체보살이 불국토를 장엄하고 보리를 이루
는 방편도 하나만이 아닐 것이옵니다.

일체보살 장엄불국 급성보리 비일방편
一切菩薩 莊嚴佛國 及成菩提 非一方便

원하옵건대 세존이시여, 널리 저희를 위해

유 원 세 존 광 위 아 등
唯願世尊 廣爲我等

일체의 방편점차와 함께 수행의 방법이 크게
方 便 漸 次
몇 종류로 나뉘어지는지를 설하여 주옵소서.

선 설 일 체 방 편 점 차 병 수 행 인 총 유 기 종
宣說 一切方便漸次 幷修行人 摠有幾種

그리하여 이 법회의 보살과 말세의 중생 가운
데 대승을 구하는 이로 하여금

영 차 회 보 살 급 말 세 중 생 구 대 승 자
令此會菩薩及末世衆生 求大乘者

속히 깨달음을 얻어 여래의 대적멸해에서 노닐
大 寂 滅 海
수 있게 하옵소서."

속 득 개 오 유 희 여 래 대 적 멸 해
速得開悟 遊戲如來大寂滅海

이렇게 아뢴 다음 오체투지의 절을 올리면서
세 번을 거듭 청하였다.

작 시 어 이 오 체 투 지 여 시 삼 청 종 이 부 시
作是語已 五體投地 如是三請 終而復始

그때 세존께서 위덕자재보살에게 이르셨다.

이 시 세 존 고 위 덕 자 재 보 살 언
爾時 世尊 告威德自在菩薩言

"착하고 훌륭하구나, 선남자야.
선 재 선 재 선 남 자
善哉善哉 善男子

너희가 모든 보살과 말세의 중생을 위해 여래의 이와 같은 방편〔如是方便〕을 묻는구나.

어능 내능위제보살급말세중생 문어여래여시방편
汝等 乃能爲諸菩薩及末世衆生 問於如來如是方便

이제 자세히 들어라. 마땅히 너희를 위해 설하리라."

여금제청 당위여설
汝今諦聽 當爲汝說

이에 위덕자재보살은 가르침을 받들고자 기쁜 마음으로 대중들과 함께 조용히 귀를 기울였다.

시 위덕자재보살 봉교환희 급제대중 묵연이청
時 威德自在菩薩 奉敎歡喜 及諸大衆 黙然而聽

"선남자야

선남자
善男子

가장 높고 묘한 원각이 시방에 두루하여 여래와 일체법을 출생케 하나니

무상묘각 변제시방 출생여래 여일체법
無上妙覺 徧諸十方 出生如來 與一切法

그 체(體 본질/알맹이)가 같고 평등하여

동체평등
同體平等

수행들이 실로 둘이 있을 수 없으나

어제수행 실무유이
於諸修行 實無有二

방편으로 중생의 근기에 수순하면 그 수가 한 량이 없으며

방편수순 기수무량
方便隨順 其數無量

원만하게 돌아가야 할 바를 거두어들이면 근^根 성^性의 차별 따라 세 종류로 모아지느니라.

원섭소귀 순성차별 당유삼종
圓攝所歸 循性差別 當有三種

선남자야

선남자
善男子

만일 보살들이 청정한 원각을 깨달아

약제보살 오정원각
若諸菩薩 悟淨圓覺

청정한 원각심으로 고요함〔靜〕을 취하는 수행 을 하게 되면

이정각심 취정위행
以淨覺心 取靜爲行

모든 생각이 맑아짐으로 말미암아

유징제념
由澄諸念

식〔識〕(마음)의 번잡한 움직임을 깨닫는 고요한 지혜〔靜慧〕가 생겨나서

각식번동 정혜발생
覺識煩動 靜慧發生

몸과 마음의 번뇌〔客塵〕가 완전히 소멸되며

신심객진 종차영멸
身心客塵 從此永滅

문득 안으로부터 적정〔寂靜〕의 경쾌함과 편안함〔寂靜

경안
輕安)이 우러나오게 되느니라.　　　便能內發寂靜輕安
변능내발적정경안

이 적정으로 말미암아　　　　　　由寂靜故
유적정고

시방세계 여래들의 마음이 그 가운데 나타남

이 마치 거울 속에 영상이 나타나는 것과 같

게 되나니　　十方世界　諸如來心　於中顯現　如鏡中像
시방세계　제여래심　어중현현　여경중상

이 방편을 '사마타(고요히 삼매를 이루
는 수행. 정관靜觀)'라고 이름하느니

라.　　　此方便者　名奢摩他
차방편자　명사마타

선남자야　　　　　　　　　　善男子
선남자

만일 보살들이 청정한 원각을 깨달아

若諸菩薩　悟淨圓覺
약제보살　오정원각

청정한 원각심으로 심성과 육근과 육진 모두
心性　　六根　　六塵

가 환의 나타남이라는 것을 지각하여

以淨覺心　知覺心性及與根塵　皆因幻化
이정각심　지각심성급여근진　개인환화

즉시 환들을 일으켜서 환을 제거하고

卽起諸幻　以除幻者
즉기제환　이제환자

환들을 변화시켜 환의 무리를 깨우쳐 주나니

이렇게 환을 일으킴으로 말미암아 變化諸幻 而開幻衆
_{변화제환 이개환중}

문득 안으로부터 대자비의 경쾌함과 편안함(大悲輕安)이 우러나오게 되느니라. 便能內發大悲輕安
_{대비경안}
_{유기환고} 由起幻故
_{변능내발대비경안}

일체 보살은 대비심을 좇아 행을 일으켜서 점차로 더 향상하게 되나니

一切菩薩 從此起行 漸次增進
_{일체보살 종차기행 점차증진}

저 환(無明의 환)을 관하는 환은 처음의 환과 같지 않기 때문이니라. 彼觀幻者 非同幻故
_{피관환자 비동환고}

그러나 처음의 환과 같지 않다고 관하는 것도 다 환이기 때문에 환의 모습들을 영원히 떠나느니라.

非同幻觀 皆是幻故 幻相永離
_{비동환관 개시환고 환상영리}

보살들의 원만하고 오묘한 이 수행은 마치 흙(땅)이 싹을 자라나게 하는 것과 같나니

是諸菩薩 所圓妙行 如土長苗
_{시제보살 소원묘행 여토장묘}

이 방편을 '삼마발제(환幻을 관하여 자비로써 중생을 제도하는 수행. 환관幻觀)'라고 이름 하느니라.

此方便者 名三摩鉢提
_{차방편자 명삼마발제}

선남자야

만일 보살들이 청정한 원각을 깨달아
善男子 若諸菩薩 悟淨圓覺

청정한 원각심으로 환이 나타낸 상들과 고요
함(靜)의 상들을 취하지 않게 되면
以淨覺心 不取幻化及諸靜相

몸과 마음이 모두 장애가 된다는 것과 분별
없는 원각의 밝음(無知覺明)이 장애들을 의지하
지 않는다는 것을 분명히 알게 되어
了知 身心皆爲罣礙 無知覺明 不依諸礙

장애와 장애 없는 경계를 영원히 초월하게 되
느니라.
永得超過礙無礙境

수용세계(과보에 의해 사는 세계)와 몸과 마음이 모두 티끌
속에 있을지라도
受用世界及與身心 相在塵域

종소리가 바깥으로 울려퍼지는 것과 같이
如器中鍠 聲出于外

번뇌와 열반(곧 적멸)이 서로 걸리지 않게 되어

번뇌열반 불상유애
煩惱涅槃 不相留礙

문득 안으로부터 적멸의 경쾌함과 편안함(
적멸경안
寂滅輕安)이 우러나오게 되느니라. 便能內發寂滅輕安
변능내발적멸경안

묘한 원각을 수순하는 적멸의 경계는
묘각수순 적멸경계
妙覺隨順 寂滅境界

나(아상)와 남(인상)의 몸과 마음으로는 능히 미치
지 못하는 바요
자타신심 소불능급
自他身心 所不能及

중생상과 수명상까지도 다 부질없는 생각이
衆生相 壽命相
되어 버리나니(아상·인상·중생상·수명상
은 제9장에서 자세히 밝힘)
중생수명 개위부상
衆生壽命 皆爲浮想
이 방편을 '선나(모든 번뇌를 다 멸하는
적멸의 수행. 적관寂觀)'라고 이름하느니
禪那
라.
차방편자 명위선나
此方便者 名爲禪那

선남자야
선남자
善男子
이 세 가지는 모두 원각을 가까이하고 수순
隨順
케 하는 법문으로
차삼법문 개시원각친근수순
此三法門 皆是圓覺親近隨順

시방의 여래께서는 이로 인해 성불하셨고
시방여래 인차성불
十方如來 因此成佛

시방 보살들의 같고 다른 여러가지 방편들도 이 세 종류의 수행에 의지하나니

시 방 보 살　송 송 방 편 일 체 동 이　개 의 여 시 삼 종 사 업
十方菩薩 種種方便一切同異 皆依如是三種事業

만일 이를 뚜렷이 증득하게 되면 곧바로 원각을 이루느니라.

약 득 원 증　즉 성 원 각
若得圓證 卽成圓覺

선남자야

선 남 자
善男子

가령 어떤 사람이 거룩한 도를 닦아 백천만억인에게 아라한과와 벽지불과를 성취하게 하였더라도

가 사 유 인　수 어 성 도　교 화 성 취 백 천 만 억 아 라 한 벽 지 불 과
假使有人 修於聖道 敎化成就百千萬億阿羅漢辟支佛果

어떤 사람이 이 원각의 무애법문(걸림이 없는 법문)을 듣고 한 찰나 동안 수순하고 닦아 익힌 것만 같지 못하느니라."

불 여　유 인　문 차 원 각 무 애 법 문　일 찰 나 경　수 순 수 습
不如 有人 聞此圓覺無礙法門 一刹那頃 隨順修習

그때 세존께서 거듭 이 뜻을 펴시고자 게송으

로 이르셨다.

			위덕여당지 威德汝當知
위덕자재	보살이여	마땅히 알라	위덕여당지 威德汝當知
가장 높은	대원각의	크나큰 마음	무상원각심 無上大覺心
그 궁극의	자리에는	두 모양 없다	본제무이상 本際無二相
중생 근기	수순하여	방편을 열면	수순제방편 隨順諸方便
그 방법이	수도 없이	많아지지만	기수즉무량 其數卽無量
여래께서	열어 보임	요약할지면	여래총개시 如來摠開示
세 종류로	나누어서	설할 수 있다	변유삼종류 便有三種類
첫번째는	寂靜 적정 얻는	奢摩他 사마타이니	적정사마타 寂靜奢摩他
거울 속에	모든 형상	비침과 같고	여경조제상 如鏡照諸像
두번째는	幻 환과 같은	三摩鉢提 삼마발제니	여환삼마제 如幻三摩提
땅이 싹을	자라나게	하는 것 같고	여묘점증장 如苗漸增長
세번째인	禪那 선나 오직	寂滅 적멸하지만	선나유적멸 禪那唯寂滅
종소리가	밖에까지	퍼짐과 같다	여피기중굉 如彼器中鍠
세 종류로	요약을 한	이 묘한 법문	삼종묘법문 三種妙法門
원각에로	수순하는	가르침으로	개시각수순 皆是覺隨順

			시방제여래 **十方諸如來**
시방세계	계시옵는	모든 여래와	
한량없이	많고 많은	대보살들이	급제대보살 **及諸大菩薩**
이로 인해	부처의 道 도	이루었나니	인자능성노 **因此得成道**
이 세가지	뚜렷하게	증득할지면	삼사원증고 **三事圓證故**
究竟涅槃 구경열반	이루었다	이름하노라	명구경열반 **名究竟涅槃**

〈제7 위덕자재보살장 끝〉

제8 변음보살장
辨音菩薩章
삼관三觀 25종 수행법

그때 변음보살이 대중 가운데 있다가 자리에
서 일어나, 부처님의 발에 이마를 대어 예배하
고 부처님 주위를 오른쪽으로 세 번 돈 다음,
무릎을 꿇고 앉아 차수합장하고 부처님께 아
뢰었다.

於是 辨音菩薩
어시 변음보살

在大衆中 卽從座起 頂禮佛足 右繞三匝 長跪叉手 而白佛言
제대중중 즉종좌기 정례불족 우요삼잡 장궤차수 이백불언

"대비 세존이시여, 이와 같은 법문은 참으로
희유하옵니다.

大悲世尊 如是法門 甚爲希有
대비세존 여시법문 심위희유

세존이시여, 원각문으로 들어가고자 하는 보살들이 이 세 가지 방편을 닦아 익히는 방법에는 몇 종류가 있나이까?

<ruby>世尊<rt>세 존</rt></ruby> <ruby>此諸方便<rt>차제방편</rt></ruby> <ruby>一切菩薩<rt>일체보살</rt></ruby> <ruby>於圓覺門<rt>어원각문</rt></ruby> <ruby>有幾修習<rt>유기수습</rt></ruby>

원하옵건대 법회에 모인 대중과 말세 중생을 위해 방편을 열어보이시어 실상을 깨닫게 하옵소서.”

<ruby>願爲大衆及末世衆生<rt>원위대중급말세중생</rt></ruby> <ruby>方便開示<rt>방편개시</rt></ruby> <ruby>令悟實相<rt>영오실상</rt></ruby>

이렇게 아뢴 다음 오체투지의 절을 올리면서 세 번을 거듭 간청하였다.

<ruby>作是語已<rt>작시어이</rt></ruby> <ruby>五體投地<rt>오체투지</rt></ruby> <ruby>如是三請<rt>여시삼청</rt></ruby> <ruby>終而復始<rt>종이부시</rt></ruby>

그때 세존께서 변음보살에게 이르셨다.

<ruby>爾時<rt>이 시</rt></ruby> <ruby>世尊<rt>세 존</rt></ruby> <ruby>告辯音菩薩言<rt>고변음보살언</rt></ruby>

“착하고 훌륭하구나, 선남자야. <ruby>善哉善哉<rt>선재선재</rt></ruby> <ruby>善男子<rt>선 남 자</rt></ruby>
너희가 모든 대중과 말세의 중생을 위해 여래에게 닦아 익히는 방법에 대해 묻는구나.

여등　내능위제대중급말세중생　문어여래여시수습
汝等 乃能爲諸大衆及末世衆生 問於如來如是修習

이제 자세히 들어라. 마땅히 너희를 위해 설하
리라."
여금제청　당위여설
汝今諦聽 當爲汝說

이에 변음보살은 가르침을 받고자 기쁜 마음
으로 대중들과 함께 조용히 귀를 기울였다.
시　변음보살　봉교환희　급제대중　묵연이청
時 辯音菩薩 奉敎歡喜 及諸大衆 黙然而聽

"선남자야
선남자
善男子

일체 여래의 원각이 청정하여
일체여래　원각청정
一切如來 圓覺淸淨

본래 닦아 익힐 것과 닦아 익힐 자가 없지만
본무수습급수습자
本無修習及修習者

일체 보살과 말세의 중생이
일체보살　급말세중생
一切菩薩 及末世衆生

원각 아닌 것에 의지하기 때문에 환의 힘으로
닦아 익히게 하기 위해
幻
의어미각　환력수습
依於未覺 幻力修習

문득 25종의 청정한 선정의 바퀴를 굴리느니
라.
변유이십오종　청정정륜
便有二十五種 淸淨定輪

1. 만일 보살이 오직 지극한 고요함〔極靜〕만을
취하여
若諸菩薩 唯取極靜

고요함의 힘으로 길이 번뇌를 끊고 구경을 성
취하여 앉은 자리에서 문득 열반에 들어가면
由靜力故 永斷煩惱 究竟成就 不起于座 便入涅槃

이 보살을 '사마타 한 가지만을 닦는 이'라고
하느니라.
此菩薩者 名單修奢摩他

2. 만일 보살이 오직 환과 같음〔如幻〕을 관하여
若諸菩薩 唯觀如幻

부처님 자비의 힘으로 세계의 온갖 작용을 변
화시키고 보살의 청정하고 묘한 행을 갖춰 행
하면서도 다라니(만법이 다 갖추어져 있다는 뜻
여기에서는 원각을 가리킴) 속에서 번뇌
가 없는 고요한 생각〔寂念〕과 고요한 지혜〔靜慧〕
를 잃지 않으면
以佛力故 變化

世界種種作用 備行菩薩淸淨妙行 於陀羅尼 不失寂念及諸靜慧

이 보살을 '삼마발제 한 가지만을 닦는 이'라

고 하느니라.

차 보 살 자 명 단 수 삼 마 발 제
此菩薩者 名單修三摩鉢提

3. 만일 보살이 오직 환幻들을 멸滅할 뿐 작용을
취하지 않고

약 제 보 살 유 멸 제 환 불 취 작 용
若諸菩薩 唯滅諸幻 不取作用

홀로 번뇌를 끊어서 번뇌를 다하고 문득 실상實相
을 증득하면

독 단 번 뇌 번 뇌 단 진 변 증 실 상
獨斷煩惱 煩惱斷盡 便證實相

이 보살을 '선나禪那 한 가지만을 닦는 이'라고 하
느니라.

차 보 살 자 명 단 수 선 나
此菩薩者 名單修禪那

4. 만일 보살이 먼저 지극한 적정(至靜지정)(곧 적정의 경쾌함
과 편안함이 있는
적정
경안)을 취하고

약 제 보 살 선 취 지 정
若諸菩薩 先取至靜

고요하고 지혜로운 마음(靜慧心정혜심)으로 환幻들을 비
추어 보고 문득 이 가운데에서 보살행을 일으
키면

이 정 혜 심 조 제 환 자 변 어 시 중 기 보 살 행
以靜慧心 照諸幻者 便於是中 起菩薩行

이 보살을 '먼저 사마타를 닦고 나중에 삼마
발제를 닦는 이'라고 하느니라.

차 보 살 자 명 선 수 사 마 타 후 수 삼 마 발 제
此菩薩者 名 先修奢摩他 後修三摩鉢提

5. 만일 보살이 고요한 지혜〔靜慧〕로 지극히 고요한 본성을 깨달아서

若諸菩薩 以靜慧故 證至靜性

문득 번뇌를 끊어 영원히 생사를 벗어나면

便斷煩惱 永出生死

이 보살을 '먼저 사마타를 닦고 나중에 선나를 닦는 이'라고 하느니라.

此菩薩者 名 先修奢摩他 後修禪那

6. 만일 보살이 적정의 지혜〔寂靜慧〕를 닦고

若諸菩薩 以寂靜慧

다시 환의 힘으로 여러 가지 변화를 나타내어 중생들을 제도한 다음에

復現幻力種種變化 度諸衆生

번뇌를 끊어 적멸에 들어가면

後斷煩惱 而入寂滅

이 보살을 '먼저 사마타를 닦고 중간에 삼마발제를 닦고 나중에 선나를 닦는 이'라고 하느니라.

차보살자 명 선수사마타 중수삼마발제 후수선나
此菩薩者 名 先修奢摩他 中修三摩鉢提 後修禪那

7. 만일 보살이 지정력(至靜力)(지극한 적정의 힘)을 길러

약제보살 이지정력
若諸菩薩 以至靜力

번뇌를 다 끊은 뒤에

단번뇌이
斷煩惱已

보살의 청정하고 묘한 행을 일으켜서 중생들
을 제도하면

후기보살 청정묘행 도제중생
後起菩薩 清淨妙行 度諸衆生

이 보살을 '먼저 사마타를 닦고 중간에 선나
를 닦고 나중에 삼마발제를 닦는 이'라고 하
느니라.

차보살자 명 선수사마타 중수선나 후수삼마발제
此菩薩者 名 先修奢摩他 中修禪那 後修三摩鉢提

8. 만일 보살이 지정력으로

약제보살 이지정력
若諸菩薩 以至靜力

마음의 번뇌를 끊으면서 거듭 중생을 제도하
는 경계를 만들면

심단번뇌 부도중생 건립경계
心斷煩惱 復度衆生 建立境界

이 보살을 '먼저 사마타를 닦고 뒤에 삼마발
제와 선나를 함께 닦는 이'라고 하느니라.

차보살자 명 선수사마타 제수삼마발제선나
此菩薩者 名 先修奢摩他 齊修三摩鉢提禪那

9. 만일 보살이 지정력(지극한 적정의 힘)으로 변화를 일으
키고

약제보살 이지정력 자발변화
若諸菩薩 以至靜力 資發變化

후에 번뇌를 끊으면

후단번뇌
後斷煩惱

이 보살을 '먼저 사마타와 삼마발제를 함께
닦고 나중에 선나를 닦는 이'라고 하느니라.

차보살자 명 제수사마타삼마발제 후수선나
此菩薩者 名 齊修奢摩他三摩鉢提 後修禪那

10. 만일 보살이 지정력으로 적멸을 돕고

약제보살 이지정력 용자적멸
若諸菩薩 以至靜力 用資寂滅

나중에 작용을 일으켜 경계를 변화시키면

후기작용 변화세계
後起作用 變化世界

이 보살을 '먼저 사마타와 선나를 함께 닦고
나중에 삼마발제를 닦는 이'라고 하느니라.

차보살자 명 제수사마타선나 후수삼마발제
此菩薩者 名 齊修奢摩他禪那 後修三摩鉢提

11. 만일 보살이 변화력(變化力 중생을 변화시키는 대자비의 힘)으로 중생을 수순하고

若諸菩薩 以變化力 種種隨順

지극한 고요함을 취하면

而取至靜

이 보살을 '먼저 삼마발제를 닦고 나중에 사마타를 닦는 이'라고 하느니라.

此菩薩者 名 先修三摩鉢提 後修奢摩他

12. 만일 보살이 변화력으로 여러 경계를 대한 다음

若諸菩薩 以變化力 種種境界

적멸을 취하면

而取寂滅

이 보살을 '먼저 삼마발제를 닦고 나중에 선나를 닦는 이'라고 하느니라.

此菩薩者 名 先修三摩鉢提 後修禪那

13. 만일 보살이 변화력으로 불사를 지은 다음

若諸菩薩 以變化力 而作佛事

편안히 적정에 머무르고

安在寂靜

번뇌를 끊으면 <ruby>而斷煩惱<rt>이 단 번 뇌</rt></ruby>

이 보살을 '먼저 삼마발제를 닦고 중간에 사마타를 닦고 나중에 선나를 닦는 이'라고 하느니라.

<ruby>此菩薩者 名 先修三摩鉢提 中修奢摩他 後修禪那<rt>차 보 살 자 명 선 수 삼 마 발 제 중 수 사 마 타 후 수 선 나</rt></ruby>

14. 만일 보살이 변화력(중생을 변화시키는 대자비의 힘)으로 걸림없이 작용하고

<ruby>若諸菩薩 以變化力 無礙作用<rt>약 제 보 살 이 변 화 력 무 애 작 용</rt></ruby>

번뇌를 끊어서 <ruby>斷煩惱故<rt>단 번 뇌 고</rt></ruby>

지극한 고요함에 안주하면 <ruby>安住至靜<rt>안 주 지 정</rt></ruby>

이 보살을 '먼저 삼마발제를 닦고 중간에 선나를 닦고 나중에 사마타를 닦는 이'라고 하느니라.

<ruby>此菩薩者 名 先修三摩鉢提 中修禪那 後修奢摩他<rt>차 보 살 자 명 선 수 삼 마 발 제 중 수 선 나 후 수 사 마 타</rt></ruby>

15. 만일 보살이 변화력을 방편으로 삼아

<ruby>若諸菩薩 以變化力 方便作用<rt>약 제 보 살 이 변 화 력 방 편 작 용</rt></ruby>

지극한 고요함과 적멸, 이 두 가지에 함께 수
순하면

지 정 적 멸 이 구 수 순
至靜寂滅 二俱隨順

이 보살을 '먼저 삼마발제를 닦고 나중에 사
마타와 선나를 함께 닦는 이'라고 이름하느니
라.

차 보 살 자 명 선 수 삼 마 발 제 제 수 사 마 타 선 나
此菩薩者 名 先修三摩鉢提 齊修奢摩他禪那

16. 만일 보살이 변화력(중생을 변화시키는 대자비의 힘)으로 여러 가
지 작용을 일으켜서 지극한 적정〔至靜〕을 돕고

약 제 보 살 이 변 화 력 종 종 기 용 자 어 지 정
若諸菩薩 以變化力 種種起用 資於至靜

뒤에 번뇌를 끊으면

후 단 번 뇌
後斷煩惱

이 보살을 '먼저 삼마발제와 사마타를 함께
닦고 나중에 선나를 닦는 이'라고 하느니라.

차 보 살 자 명 제 수 삼 마 발 제 사 마 타 후 수 선 나
此菩薩者 名 齊修三摩鉢提奢摩他 後修禪那

17. 만일 보살이 변화력으로 적멸을 돕고

약 제 보 살 이 변 화 력 자 어 적 멸
若諸菩薩 以變化力 資於寂滅

나중에 청정하고 지음 없는 고요한 생각〔靜慮〕

에 머무르면

후 주 청 정 무 작 정 려
後住淸淨無作靜慮

이 보살을 '먼저 삼마발제와 선나를 함께 닦고 나중에 사마타를 닦는 이'라고 하느니라.

차 보 살 자 명 제 수 삼 마 발 제 선 나 후 수 사 마 타
此菩薩者 名 齊修三摩鉢提禪那 後修奢摩他

18. 만일 보살이 적멸력寂滅力(번뇌를 멸한 적멸의 힘)으로

약 제 보 살 이 적 멸 력
若諸菩薩 以寂滅力

지극한 고요함〔至靜〕을 일으켜서 청정에 머무르면

이 기 지 정 주 어 청 정
而起至靜 住於淸淨

이 보살을 '먼저 선나를 닦고 나중에 사마타를 닦는 이'라고 하느니라.

차 보 살 자 명 선 수 선 나 후 수 사 마 타
此菩薩者 名 先修禪那 後修奢摩他

19. 만일 보살이 적멸력으로 작용을 일으켜서

약 제 보 살 이 적 멸 력 이 기 작 용
若諸菩薩 以寂滅力 而起作用

적멸의 작용으로 일체 경계에 수순하면

어 일 체 경 적 용 수 순
於一切境寂用隨順

이 보살을 '먼저 선나를 닦고 나중에 삼마발
제를 닦는 이'라고 하느니라.

차 보 살 자 명 선 수 선 나 후 수 삼 마 발 제
此菩薩者 名 先修禪那 後修三摩鉢提

20. 만일 보살이 적멸력(번뇌를 멸한\n적멸의 힘)으로

약 제 보 살 이 적 멸 력
若諸菩薩 以寂滅力

갖가지 자성〔種種自性〕을 정려(고요히\n생각함)하여 편안하
게 한 다음에

종 종 자 성 안 어 정 려
種種自性 安於靜慮

변화를 일으키면

이 기 변 화
而起變化

이 보살을 '먼저 선나를 닦고 중간에 사마타
를 닦고 나중에 삼마발제를 닦는 이'라고 하
느니라.

차 보 살 자 명 선 수 선 나 중 수 사 마 타 후 수 삼 마 발 제
此菩薩者 名 先修禪那 中修奢摩他 後修三摩鉢提

21. 만일 보살이 적멸력의 지음 없는 자성〔
무 작 자 성
無作自性〕으로

약 제 보 살 이 적 멸 력 무 작 자 성
若諸菩薩 以寂滅力無作自性

청정 경계의 작용을 일으키고

기 어 작 용 청 정 경 계
起於作用清淨境界

정려에 돌아가면 　　　　　　　귀어정려
　　　　　　　　　　　　　　　　歸於靜慮

이 보살을 '먼저 선나를 닦고 중간에 삼마발
제를 닦고 나중에 사마타를 닦는 이'라고 하
느니라.

차보살자 　명　선수선나　중수삼마발제　후수사마타
此菩薩者　名　先修禪那　中修三摩鉢提　後修奢摩他

22. 만일 보살이 적멸력의 여러 가지 청정함〔種
　종청정　　　　　　약제보살　이적멸력종종청정
　種淸淨〕으로　　　若諸菩薩　以寂滅力種種淸淨

　　　　　　　　　　　　　　　이주정려
정려에 머물면서　　　　　　而住靜慮

　　　　　　　　　　　　　　　기어변화
변화를 일으키면　　　　　　起於變化

이 보살을 '먼저 선나를 닦고 나중에 사마타
와 삼마발제를 함께 닦는 이'라고 하느니라.

차보살자 　명　선수선나　제수사마타　삼마발제
此菩薩者　名　先修禪那　齊修奢摩他　三摩鉢提

23. 만일 보살이 적멸력으로 지극한 적정〔至靜〕
　　　　　　　　　　약제보살　이적멸력　자어지정
을 도운 다음에　　若諸菩薩　以寂滅力　資於至靜

　　　　　　　　　　　　　　　이기변화
변화를 일으키면　　　　　　而起變化

이 보살을 '먼저 선나와 사마타를 함께 닦고 나중에 삼마발제를 닦는 이'라고 하느니라.

차 보 살 자　명　제 수 선 나 사 마 타　후 수 삼 마 발 제
此菩薩者 名 齊修禪那奢摩他 後修三摩鉢提

24. 만일 보살이 적멸력으로 변화를 도운 다음에

약 제 보 살　이 적 멸 력　자 어 변 화
若諸菩薩 以寂滅力 資於變化

지극한 적정과 맑고 밝은 지혜를 일으키면

이 기 지 정 청 명 경 혜
而起至靜淸明境慧

이 보살을 '먼저 선나와 삼마발제를 함께 닦고 나중에 사마타를 닦는 이'라고 하느니라.

차 보 살 자　명　제 수 선 나 삼 마 발 제　후 수 사 마 타
此菩薩者 名 齊修禪那三摩鉢提 後修奢摩他

25. 만일 보살이 원각의 지혜〔圓覺慧〕로 일체와 원만히 합하여 성과 상들이 원각의 본성〔覺性〕에서 벗어남이 없게 되면

약 제 보 살　이 원 각 혜　원 합 일 체　어 제 성 상　무 리 각 성
若諸菩薩 以圓覺慧 圓合一切 於諸性相 無離覺性

이 보살을 '사마타와 삼마발제와 선나의 세

가지를 원만히 닦아 청정한 자성^{自性}에 수순하는
이'라고 하느니라.

此菩薩者 名爲圓修三種自性淸淨隨順

"선남자야
善男子

이것을 보살의 이십오륜^{二十五輪}(25가지 수행법)이라 이름하나니

是名菩薩 二十五輪

일체 보살의 수행은 이와 같으니라.

一切菩薩 修行 如是

만일 보살들과 말세 중생이 이 이십오륜에 의
지하고자 하면
若諸菩薩及末世衆生 依此輪者

마땅히 깨끗한 계행을 지니고
當持梵行

고요히 사유하고
寂靜思惟

슬피 참회하되
求哀懺悔

삼칠일(21일)이 지난 후에는 이십오륜의 수행법
하나하나를 각각 표로 만들어

지극한 마음으로 간절히 구하면서 손이 가는 대로 표를 취하여 열어 보면 문득 공부할 돈과 점^頓^漸(삼관을 함께 닦을 것인지, 하나만을 닦을 것인지, 두 가지를 함께 닦을 것인지 등)을 알게 되느니라.

지 심 구 애 수 수 결 취 의 결 개 시 변 지 돈 점
至心求哀 隨手結取 依結開示 便知頓漸

하지만 한 생각이라도 의심을 하거나 후회하면 성취하지 못하느니라."

일 념 의 회 즉 불 성 취
一念疑悔 卽不成就

그때 세존께서 거듭 이 뜻을 펴시고자 게송으로 이르셨다.

이 시 세 존 욕 중 선 차 의 이 설 게 언
爾時 世尊 欲重宣此義 而說偈言

변음이여	너희들은	마땅히 알라	변음여당지 辯音汝當知
시방세계	한량없는	모든 보살의	일체제보살 一切諸菩薩
걸림없이	자재롭고	맑은 지혜는	무애청정혜 無礙清淨慧
모두가 다	선정에서	나온 것이니	개의선정생 皆依禪定生
적정삼매 寂靜三昧	사마타와 奢摩他	변화의 힘인	소위사마타 所謂奢摩他
삼마제와 三摩提	번뇌 멸한	선나이니라 禪那	삼마제선나 三摩提禪那

이 삼법(三法)을	돈점(頓漸)으로	수행함에는	삼법돈점수 三法頓漸修
이십오종	공부방법	있게 되나니	유이십오종 有二十五種
시방세계	계시옵는	모든 여래와	시방세여래 十方諸如來
과거 현재	미래 속의	수행자들이	삼세수행자 三世修行者
이 삼법(三法)을	근본으로	닦아 익혀서	무불인차법 無不因此法
보리도를	성취하게	된 것이니라	이득성보리 而得成菩提
그렇지만	순식간에	깨닫는 이와	유제돈각인 唯除頓覺人
법 따르지	않는 이는	제외하노라	병법불수순 幷法不隨順
시방세계	한량 없는	모든 보살과	일체제보살 一切諸菩薩
말법세상	태어나는	온갖 중생이	급말세중생 及末世衆生
이십오륜(二十五輪)	법의 바퀴	항상 지녀서	상당지차륜 常當持此輪
수순하고	부지런히	닦아 익히면	수순근수습 隨順勤修習
부처님의	대자비한	힘에 의하여	의불대비력 依佛大悲力
머지 않아	참된 열반	증득하노라	불구증열반 不久證涅槃

〈제8 변음보살장 끝〉

제9 정제업장보살장

네 가지 상〔四相〕을 없애는 법

※이제부터 아상·인상·중생상·수명상의 4상四相에 대한 풀이가 시작된다. 그런데 원각경의 4상과 금강경의 4상이 명칭은 비슷하지만 나타내고자 하는 뜻은 다르다. 원각경의 4상은 십지에 든 초지(환희지) 이상의 보살이 닦는 미세한 장애이고, 금강경의 4상은 보편적인 성문이나 초지 이전 보살(십주·십행·십회향보살)의 거친 장애라는 것을 참고하기 바란다. 그리고 원각경에서는 사상인 아상·인상·중생상·수명상을 각각 증證·오悟·요了·각覺의 네 가지 깨달음과 관련시키고 있다.

그때 정제업장보살이 대중 가운데 있다가 자리에서 일어나, 부처님의 발에 이마를 대어 예배하고 부처님 주위를 오른쪽으로 세 번 돈 다음, 무릎을 꿇고 앉아 차수합장하고 부처님께 아뢰었다.

어시 정제업장보살
於是 淨諸業障菩薩
재 대중중 즉종좌기 정례불족 우요삼잡 장궤차수 이백불언
在大衆中 卽從座起 頂禮佛足 右繞三匝 長跪叉手 而白佛言

"대비 세존이시여, 저희를 위하여 일체여래께서

인지에서 닦은 부사의한 수행법〔因地行相〕을 널리 설하셨나이다.

大悲世尊 爲我等輩 廣說 如是不思議事 一切如來 因地行相

그리하여 중생들로 하여금 일찍이 경험하지 못한 것을 얻게 하고

令諸大衆 得未曾有

조어사이신 세존께서 항하사의 겁 동안 부지런히 애를 써서 이룬 일체 공용의 경지를 마치 한 생각처럼 보게 하시니

睹見調御 歷恒沙劫 勤苦境界 一切功用 猶如一念

저희 보살들 스스로는 매우 기뻐하고 있나이다.

我等菩薩 深自慶慰

세존이시여, 만일 이 원각심의 본성이 청정하다면

世尊 若此覺心 本性淸淨

무엇으로 인하여 더럽혀졌기에

因何染汚

중생들을 미혹하고 어둡게 만들어 들어가지 못하게 하는 것이옵니까?

使諸衆生 迷悶不入

오직 원하옵건대 여래시여

널리 저희를 위해 법성(法性)을 깨닫게 하시어

유원여래
唯願如來

광위아등 개오법성
廣爲我等 開悟法性

이 법회에 모인 대중과 말세의 중생으로 하여금 장래의 안목을 갖게 하옵소서."

영차 대중급 말세중생 작장래안
令此大衆及末世衆生 作將來眼

이렇게 아뢴 다음 오체투지의 절을 올리면서 세 번을 거듭 간청하였다.

작시어이 오체투지 여시삼청 종이부시
作是語已 五體投地 如是三請 終而復始

그때 세존께서 정제업장보살에게 이르셨다.

이시 세존 고정제업장보살언
爾時 世尊 告淨諸業障菩薩言

"착하고 훌륭하구나, 선남자야.

선재선재 선남자
善哉善哉 善男子

너희가 모든 대중과 말세의 중생을 위해 이에 관한 (무엇으로 인해 더럽혀지는지에 관한) 여래의 방편을 묻는구나.

여등 내능위제대중급말세중생 자문여래여시방편
汝等 乃能爲諸大衆及末世衆生 諮問如來如是方便

이제 자세히 들어라. 마땅히 너희를 위해 설하
리라."
여금제청　당위여설
汝今諦聽　當爲汝說

이에 정제업장보살은 가르침을 받고자 기쁜
마음으로 대중들과 함께 조용히 귀를 기울였
다.
시　정제업장보살　봉교환희　급제대중　묵연이청
時　淨諸業障菩薩　奉教歡喜　及諸大衆　黙然而聽

"선남자야
선남자
善男子

일체 중생은 시작없는 옛적부터
일체중생　종무시래
一切衆生　從無始來

망상으로 아^我와 인^人과 중생^{衆生}과 수명^{壽命}을 있는 것이
라고 집착하여
망상　집유아인중생　급여수명
妄想　執有我人衆生　及與壽命

이 네 가지 뒤바뀜〔四顚倒〕을 참된 나의 진실한
바탕〔實我體〕으로 삼아 왔느니라.
인사전도　위실아체
認四顚倒　爲實我體

이로 말미암아 문득 미움〔憎〕과 사랑〔憎愛〕의 두
경계를 내어서
유차　변생증애이경
由此　便生憎愛二境

허망한 바탕에 대해 거듭 허망한 집착을 하게 되었고

於虛妄體 重執虛妄
어 허망체 중집허망

이 두 가지 허망한 상(相)이 서로 의지하여 허망한 업의 길〔妄業道〕을 만들어 낸 것이니라.

二妄相依 生妄業道
이 망상의 생망업도

허망한 업〔妄業〕이 있으므로 허망한 유전(流轉, 흐르고 굴러 다님. 윤회)을 보게 되고

有妄業故 妄見流轉
유망업고 망견유전

유전을 싫어하는 이는 허망한 열반(涅槃)을 고집하나니

厭流轉者 妄見涅槃
염유전자 망견열반

이로 말미암아 청정한 원각에 들어가지 못하느니라.

由此 不能入清淨覺
유차 불능입청정각

원각은 능히 들어가는 것을 거부하지도 않고

非覺違拒諸能入者
비각위거제능입자

능히 들어갈지라도 원각이 들어가게 하는 것이 아니니라.

有諸能入 非覺入故
유제능입 비각입고

그러므로 생각을 움직이거나 생각을 쉬는 것 모두가 미혹과 어두운 데로 돌아가나니

시고동념 급여식념 개귀미민
是故動念 及與息念 皆歸迷悶

그 까닭이 무엇인가?
하이고
何以故

시작 없는 아득한 옛날에 홀연히 일어난 무명
無明

이 나의 주재자가 되었기 때문에
主宰者

유유무시본기무명 위기주재
由有無始本起無明 爲己主宰

일체 중생은 태어날 때부터 지혜의 눈〔慧目〕이
혜목

없고
일체중생 생무혜목
一切衆生 生無慧目

몸과 마음 등의 성품 모두가 무명으로 되었나

니
신심등성 개시무명
身心等性 皆是無明

이 무명의 끊기 어려움은 스스로의 목숨을 끊

지 못하는 것과 같으니라.
비여유인 부자단명
譬如有人 不自斷命

그러므로 분명히 알지어다.
시고당지
是故當知

나를 사랑해주는 이는 내가 수순하게 되고
隨順

유애아자 아여수순
有愛我者 我與隨順

나를 잘 따르지 않는 이는 미워하고 원망하나

니
비수순자 변생증원
非隨順者 便生憎怨

이 미워하고 사랑하는 마음이 무명을 자꾸 자

라나게 하기 때문에

위 증 애 심　양 무 명 고
爲憎愛心　養無明故

계속해서 도를 구하여도 도를 성취하지 못하는 것이니라.

상 속 구 도　개 불 성 취
相續求道　皆不成就

선남자야

선 남 자
善男子

무엇을 아상(我相)이라 하는가?（아상은 나를 느끼게 하는 감각적
인 깨달음인 증證과 관련이 있음）

운 하 아 상
云何我相

중생들이 마음으로 내가 있다고 깨닫는 것〔證증〕을 아상이라 하느니라.

위 제 중 생　심 소 증 자
謂諸衆生　心所證者

선남자야

선 남 자
善男子

비유하면 어떤 사람이 몸 전체가 건강하고 편안해서 나의 몸에 대해 잊고 있다가

비 여 유 인　백 해 조 적　홀 망 아 신
譬如有人　百骸調適　忽忘我身

섭생을 잘못하여 사지가 불편해졌을 때

사 지 현 완　섭 양 괴 방
四支弦緩　攝養乖方

살짝 침을 놓고 뜸을 뜨게 되면 곧 내가 있음을 알게 되는 것과 같으니라.

미 가 침 애　즉 지 유 아
微加針艾　則知有我

그러므로 마음으로 깨닫고 알아차려야〔證取〕 비로소 '아상의 정체〔我體〕가 두루 나타나게 되느니라.

是故證取 方現我體

선남자야

善男子

그 마음으로는 여래께서 마침내 요달하신 청정열반까지 깨닫는다〔證〕 할지라도 다 아상일 뿐이니라.

其心 乃至證於如來畢竟了知淸淨涅槃 皆是我相

선남자야

善男子

무엇을 인상이라 하는가?(인상은 오悟와 관련이 있음)

云何人相

중생들이 마음으로 깨달은〔證〕 아상에 대해 깨닫는 것〔悟〕(분별分別知解로 분별 하고 헤아려 아는 것)이 인상이니라.

謂諸衆生心悟證者

선남자야

善男子

아상이 있음을 깨달으면〔悟〕 다시는 아상에 대

해 집착하지 않고 悟有我者 不復認我

나가 아니라고 깨달은[悟] 그 깨달음에 대해서

도 집착하지 않아야 하건만 所悟非我 悟亦如是

그 깨달음[悟]으로 이미 모든 아상의 깨달음[證]

을 넘어섰다고 하면 다 인상이 되느니라.

悟已超過一切證者 悉爲人相

선남자야 善男子

그 마음으로 열반과 함께 나에 대해 뚜렷이

깨달았고[悟] 其心 乃至圓悟涅槃 俱是我者

진리를 두루 갖추어 깨달았다[證] 할지라도

備殫證理

마음에 아상을 깨달았다[悟]는 생각이 조금이

라도 있으면 인상이라 이름하느니라.

心在少悟 皆名人相

선남자야 善男子

무엇을 중생상(衆生相)이라 하는가? (중생상은 요了 와 관련이 있음) 운하중생상(云何衆生相)

이른바 중생들이 마음으로 스스로의 아상을 깨닫고(증證) 인상을 깨달은 것(오悟)으로는 미치지 못하는 것이 중생상이니라.

위제중생 심자증오 소불급자(謂諸衆生 心自證悟 所不及者)

선남자야 선남자(善男子)

비유하면 어떤 사람이 '나는 중생이다'라는 말을 하였을 때 그 사람이 말한 중생은 나(아상)도 아니요 저(인상)도 아니라는 것을 곧 알 수 있는 것과 같으니라.

비여유인 작여시언 아시중생 즉지피인 설중생자 비아비피(譬如有人 作如是言 我是衆生 則知彼人 說衆生者 非我非彼)

어찌하여 나가 아닌가? '나는 중생이다' 하였으므로 이 '나'는 나가 아니다.

운하비아 아시중생 즉비시아(云何非我 我是衆生 則非是我)

어찌하여 저가 아닌가? '나는 중생이다' 하였으므로 저와 내가 아닌 것이다.

운하비피 아시중생 비피아고(云何非彼 我是衆生 非彼我故)

선남자야
善男子
선남자

다만 중생들이 아상을 깨달아[證] 요달했고[了]
인상을 깨달아[悟] 요달했다[了]고 하면 모두가
아상과 인상이 되고   但諸衆生 了證了悟 皆爲我人
아상과 인상으로 미치지 못하는 것을 요달한[了] 바가 있다고 하면 중생상이라 이름하느니라.
而我人相 所不及者 存有所了 名衆生相

선남자야
善男子
무엇을 수명상이라 하는가?(수명상은 각覺과 관련이 있음) 云何壽命相
이른바 중생들의 마음 비춤이 청정하여져서
중생상을 요달하여[了] 깨달았다[覺]고 하는 것이 수명상이니라.
謂諸衆生 心照淸淨 覺所了者
일체 업을 아는 지혜[業智]가 스스로를 보지 못하는 것은
一切業智 所不自見
목숨[命根]을 스스로 보지 못하는 것과 같으니라.
猶如命根

선남자야
善男子

만일 마음으로 일체의 깨달음〔覺〕을 비추어 본
다고 하면 모두가 티끌〔塵〕이요 때〔垢〕가 되나니

若心照見一切覺者 皆爲塵垢

깨달음〔覺〕과 깨달음의 대상〔所覺〕이 티끌을 떠
나지 못하였기 때문이니라.

覺所覺者 不離塵故

끓는 물로 얼음을 녹일 때 얼음 녹는 것을 보
는 또 다른 얼음이 따로 있을 필요가 없는 것
처럼

如湯銷氷 無別有氷 知氷銷者

나를 깨닫는〔覺〕 나를 따로 둘 필요가 없음 또
한 이와 같으니라.

存我覺我 亦復如是

선남자야
善男子

말세의 중생이 사상을 잘 알지 못하면

末世衆生 不了四相

비록 오랜 세월동안 부지런히 애를 써서 도를
닦을지라도

雖經多劫 勤苦修道

단지 유위(有爲)(인과와 윤회를 낳는 업)라 이름할 뿐
단 명 유 위
但名有爲

마침내 능히 일체 성스로운 과보를 이루지 못하나니
종 불 능 성 일 체 성 과
終不能成一切聖果

이 때문에 '정법(正法) 속의 말세(末世)'라고 이름하느니라.
시 고   명 위 정 법 말 세
是故 名爲正法末世

그 까닭이 무엇인가?
하 이 고
何以故

일체의 '나'를 인정하여 열반으로 삼기 때문이니라.
인 일 체 아   위 열 반 고
認一切我 爲涅槃故

아상을 깨닫고(證) 인상임을 깨달아(悟) 성취했다고 하는 것은
유 증 유 오   명 성 취 고
有證有悟 名成就故

비유컨대 어떤 이가 도둑을 자기의 아들로 삼는 것과 같아서
비 여 유 인   인 적 위 자
譬如有人 認賊爲子

집안의 재산을 마침내 보존할 수 없게 되느니라.
기 가 재 보   종 불 성 취
其家財寶 終不成就

그 까닭이 무엇인가?
하 이 고
何以故

나를 사랑함(我愛)이 있는 이는 열반 또한 사랑하게 되나니
유 아 애 자   역 애 열 반
有我愛者 亦愛涅槃

나에 대한 사랑〔我愛〕의 근원을 굴복시켜 열반의 모습으로 삼기 때문이니라. 伏我愛根 爲涅槃相

나를 싫어함〔我憎〕이 있는 이는 생사 또한 싫어하지만 有我憎者 亦憎生死

나를 사랑하는 것이 진짜 생사임을 알지 못하기 때문에 不知愛者眞生死故

따로 생사를 두어 싫어하나니 別憎生死

이를 불해탈이라 이름하느니라. 名不解脫

법에 해탈하지 못하였음을 어떻게 알 수 있는가? 云何當知法不解脫

선남자야 善男子

저 말세 중생 중에 보리를 익히는 이가 彼末世衆生 習菩提者

아상을 조금 깨달은 것〔證〕으로 스스로의 청정을 삼는다면 以已微證 爲自淸淨

아상의 근본이 아직 다하지 못한 것이니라.

由未能盡我相根本
유 미 능 진 아 상 근 본

만일 어떤 이가 그의 법을 찬탄하면 곧 크게
환희심을 내어 제도하려 하고

약 부 유 인 　 찬 탄 피 법 　 즉 생 환 희 　 변 욕 제 도
若復有人 讚歎彼法 卽生歡喜 便欲濟度

만일 그가 얻은 법을 비방하면 문득 성을 내
고 한을 품나니

약 부 비 방 피 소 득 자 　 변 생 진 한
若復誹謗彼所得者 便生瞋恨

곧바로 알아라.

즉 　 지
則知

아상을 견고하게 집착하고 지키면

아 상 　 견 고 집 지
我相 堅固執持

아상이 장식(일체 종자를 간직하고 있는 제8 아뢰야식)에 잠복하고 있다가
감각기관[六根]으로 나와서 노닐기를 잠시도 쉬
지 않느니라.

잠 복 장 식 　 유 희 제 근 　 증 불 간 단
潛伏藏識 遊戲諸根 曾不間斷

선남자야

선 남 자
善男子

도를 닦는 이가 아상을 제거하지 아니하면 이
때문에 청정한 원각에 들어갈 수 없느니라.

피 수 도 자 　 부 제 아 상 　 시 고 　 불 능 입 청 정 각
彼修道者 不除我相 是故 不能入淸淨覺

선남자야

선 남 자
善男子

만일 내가 공함〔我空〕을 알면 나를 훼방하는 이가 없고
약 지 아 공　무 훼 아 자
若知我空　無毀我者

나와 법을 설함이 있으면 아직 아상을 끊지 못하였기 때문이며
유 아 설 법　아 미 단 고
有我說法　我未斷故

중생상과 수명상도 그러하니라.
중 생 수 명　역 부 여 시
衆生壽命　亦復如是

선남자야
선 남 자
善男子

말세의 중생은 병을 법이라고 설하나니
말 세 중 생　설 병 위 법
末世衆生　說病爲法

이 때문에 '가엾고 불쌍한 자'라고 이름하느니라.
시 고　명 위 가 련 민 자
是故　名爲可憐愍者

그들은 비록 부지런히 정진할지라도 온갖 병만을 더할 뿐이며
수 근 정 진　증 익 제 병
雖勤精進　增益諸病

이 때문에 청정한 원각에 들어갈 수 없느니라.
시 고　불 능 입 청 정 각
是故　不能入清淨覺

선남자야
善男子

말세의 중생이 사상을 요달하지 못한 채
末世衆生 不了四相

여래의 말씀과 행한 자취로써 자기의 수행을
삼는다면 끝내 공부를 성취하지 못하느니라.
以如來解 及所行處 爲自修行 終不成就

혹 어떤 중생이 얻지 못한 것을 얻었다 하고
증득하지 못한 것을 증득했다고 하면서
或有衆生 未得謂得 未證謂證

공부 잘하는 사람을 보고 질투심을 낸다면
見勝進者 心生嫉妬

그 중생은 아직 아애를 끊지 못한 것이니
由彼衆生 未斷我愛

이 때문에 청정한 원각에 들어갈 수 없느니라.
是故 不能入淸淨覺

선남자야
善男子

말세의 중생이 도(道) 이루기를 희망하면서도 깨
달음은 구하지 않고 末世衆生 希望成道 無令求悟
오직 많이 듣기만 하면 아견(我見)만을 더하게 되느
니라. 唯益多聞 增長我見

그러나 마땅히 부지런히 정진하여 번뇌를 항
복받고 但當精勤 降伏煩惱

대용맹심을 불러일으켜서 얻지 못한 것을 얻
고 끊지 못한 것을 끊게 되면

起大勇猛 未得令得 未斷令斷

대상을 대할 때 탐욕(貪)과 분노(瞋)와 애착(愛)
과 교만(慢)과 아첨(諂)과 왜곡(曲)과 질투(嫉妬)가 생
겨나지 않게 되고 貪瞋愛慢 諂曲嫉妬 對境不生

남과 나 사이의 은혜와 사랑이 모두 적멸(寂滅)하게
되느니라. 彼我恩愛 一切寂滅

부처는 이런 사람에게 '점차로 성취하리라'하
시나니 佛說是人 漸次成就

이 사람이 선지식을 구하게 되면 사견(邪見)에 떨어

지지 않게 되며

만일 구하는 것에 대해 따로 미움과 사랑〔憎愛〕을 내게 되면

청정한 원각의 바다에 들어갈 수 없느니라.”

구 선 지 식 불 타 사 견
求善知識 不墮邪見

증 애
〔憎愛〕

약 어 소 구 별 생 증 애
若於所求 別生憎愛

즉 불 능 입 청 정 각 해
則不能入淸淨覺海

그때 세존께서 거듭 이 뜻을 펴시고자 게송으로 이르셨다.

이 시 세 존 욕 중 선 차 의 이 설 게 언
爾時 世尊 欲重宣此義 而說偈言

정제업장	보살이여	마땅히 알라	정 업 여 당 지 淨業汝當知
시방세계	어디에나	가득한 중생	일 체 제 중 생 一切諸衆生
하나같이	‘내사랑’에	집착하여서	개 유 집 아 애 皆由執我愛
무시이래	허망하게	유전했나니	무 시 망 유 전 無始妄流轉
사상들을	제거하지	못하게 되면	미 제 사 종 상 未除四種相
무상보리	이를 수가	없음이로다	부 득 성 보 리 不得成菩提
마음에서	사랑 미움	생겨나오고	애 증 생 어 심 愛憎生於心
아첨 왜곡	등의 생각	가득해지면	첨 곡 존 제 념 諂曲存諸念

(四相: 사상들을)

이 때문에	미혹하고	어두워져서	시고다미민 是故多迷悶
원각의 성 圓覺 城	안으로는	들지 못한다	불능입각성 不能入覺城
깨달음의	국토에로	돌아가려면	약능기오찰 若能歸悟刹
가장 먼저	탐진치를 貪瞋癡	제거하고서	선거탐진치 先去貪瞋癡
법에 대한	사랑까지	두지 않으면	법애부존심 法愛不存心
차츰차츰	깨달음을	이루게 되니	점차가성취 漸次可成就
본래부터	나의 몸에	있지 않았던	아신본불유 我身本不有
미움 사랑	어디에서	생겨날건가	증애하유생 憎愛何由生
이 사람이	선지식을	만나게 되면	차인구선우 此人求善友
사견 속에	떨어짐이	결코 없지만	종불타사견 終不墮邪見
도 구하며	다른 생각	일으킬지면	소구별생심 所求別生心
구경의 도	성취하지	못하느니라	구경비성취 究竟非成就

〈제9 정제업장보살장 끝〉

제10 보각보살장
普覺菩薩章

....

네 가지 병[四病]을 없애는 법
사 병

그때 보각보살이 대중 가운데 있다가 자리에서 일어나, 부처님의 발에 이마를 대어 예배하고 부처님 주위를 오른쪽으로 세 번 돈 다음, 무릎을 꿇고 앉아 차수합장하고 부처님께 아뢰었다.

於是 普覺菩薩
어 시   보 각 보 살

在大衆中 卽從座起 頂禮佛足 右繞三匝 長跪叉手 而白佛言
재 대 중 중 즉 종 좌 기 정 례 불 족 우 요 삼 잡 장 궤 차 수 이 백 불 언

"대비 세존이시여, 기꺼이 선병에 대해 설하시어
禪病

大悲世尊 快說禪病
대 비 세 존 쾌 설 선 병

보살들로 하여금 일찍이 얻지 못하였던 것을
얻게 하셨으며
영제보살 득미증유
令諸菩薩 得未曾有

마음이 활짝 트여 크나큰 안온함을 얻게 하셨
나이다.
심의탕연 획대안은
心意蕩然 獲大安隱

세존이시여, 말세에는 부처님께서 열반에 드신
때와 점점 더 멀어져서
세존 말세중생 거불점원
世尊 末世衆生 去佛漸遠

성인과 현인은 숨고 삿된 법은 더욱 치성해지
옵니다.
현성은복 사법증치
賢聖隱伏 邪法增熾

하오니 말세 중생들이
사제중생
使諸衆生

어떠한 사람을 구하고
구하등인
求何等人

어떠한 법에 의지하고
의하등법
依何等法

어떠한 행을 닦고
행하등행
行何等行

어떠한 병을 없애고
제거하병
除去何病

어떻게 발심을 하여야
운하발심
云何發心

저 눈먼 이들이 사견(邪見)에 떨어지지 않으오리까?"
영피군맹 불타사견
令彼群盲 不墮邪見

이렇게 아뢴 다음 오체투지의 절을 올리면서 세 번을 거듭 청하였다.

작 시 어 이　오 체 투 지　여 시 삼 청　종 이 부 시
作是語已　五體投地　如是三請　終而復始

그때 세존께서 보각보살에게 이르셨다.

이 시　세 존　고 보 각 보 살 언
爾時　世尊　告普覺菩薩言

"착하고 훌륭하구나, 선남자야.

선 재 선 재　선 남 자
善哉善哉　善男子

너희가 여래에게 이같은 수행에 대해 물어

여 등　내 능 자 문 여 래　여 시 수 행
汝等　乃能諮問如來　如是修行

말세의 일체 중생에게 두려움 없는 도안(도의 눈)을 베풀어

도 안
道眼

능 시 말 세 일 체 중 생　무 외 도 안
能施末世一切衆生　無畏道眼

그 중생들로 하여금 성스러운 도를 이룰 수 있게 하는구나.

영 피 중 생　득 성 성 도
令彼衆生　得成聖道

이제 자세히 들어라. 마땅히 너희를 위해 설하리라."

여 금 제 청　당 위 여 설
汝今諦聽　當爲汝說

이에 보각보살은 가르침을 받고자 기쁜 마음

으로 대중들과 함께 조용히 귀를 기울였다.

時 普覺菩薩 奉教歡喜 及諸大衆 黙然而聽

"선남자야

善男子

말세 중생이 장차 큰 마음을 발하고 선지식을
구하여 수행하고자 하면

末世衆生 將發大心 求善知識 欲修行者

마땅히 일체에 정지견(바른 견해)을 가진 이를 구해야
하느니라.

當求一切正知見人

곧 마음이 상에 머무르지 아니하고

心不住相

성문과 연각의 경계에 집착하지 않고

不著聲聞緣覺境界

비록 속세에 있으나 마음이 항상 청정하고

雖現塵勞 心恒淸淨

허물들을 보여주며 청정한 행을 찬탄하고

示有諸過 讚歎梵行

중생으로 하여금 어긋난 율의(계율)에 들어가지

않게 하는 불령중생입불율의
不令衆生入不律儀

이와 같은 선지식을 구한다면 곧 아뇩다라삼 막삼보리를 성취할 수 있느니라.
구여시인 즉득성취아뇩다라삼먁삼보리
求如是人 卽得成就阿耨多羅三藐三菩提

말세의 중생이 이와 같은 선지식을 보면 마땅히 공양을 올리되 신명(身命)을 아끼지 않아야 하나니
말세중생 견여시인 응당공양 불석신명
末世衆生 見如是人 應當供養 不惜身命

저 선지식은 행주좌와(行住坐臥) 네 가지 모습〔四威儀〕가운데에서 항상 청정함을 드러낼 뿐 아니라
피선지식 사위의중 상현청정
彼善知識 四威儀中 常現淸淨

여러 가지 허물을 보일지라도 마음에 교만함이 없거늘
내지시현종종과환 심무교만
乃至示現種種過患 心無憍慢

하물며 음식과 재물과 처자와 권속을 취하겠느냐.
황부박재 처자권속
況復搏財 妻子眷屬

만일 선남자가 그 선지식에게 나쁜 생각을 일으키지 않으면
약선남자 어피선우 불기악념
若善男子 於彼善友 不起惡念

능히 구경의 정각(正覺)을 성취하고 마음의 꽃이 밝

아져서 시방세계를 비출 것이니라.

즉능구경성취정각 심화발명 조시방찰
卽能究竟成就正覺 心華發明 照十方剎

선남자야
선남자
善男子

그 선지식이 증득한 오묘한 법은 마땅히 네 가지 병을 떠나 있느니라.

피선지식 소증묘법 응리사병
彼善知識 所證妙法 應離四病

어떤 것이 네 가지 병인가.
운하사병
云何四病

첫째는 작병(作病)(행을 지어 원각을 얻고자 하는 병)이니라.
일자 작병
一者 作病

어떤 사람은 이렇게 말한다.
약부유인 작여시언
若復有人 作如是言

'나는 본심(本心)으로 여러 가지 행(行)을 지어서〔作〕 원각을 구하고자 한다.'
아어본심 작종종행 욕구원각
我於本心 作種種行 欲求圓覺

그러나 저 원각의 본성은 행을 지어서〔作〕 얻어지는 것이 아니므로 이를 작병(作病)이라 이름하느니라.
피원각성 비작득고 설명위병
彼圓覺性 非作得故 說名爲病

둘째는 임병^{任病}(그냥 맡겨 원각을
구하고자 하는 병)이니라.   二者 任病^{이 자 임 병}

어떤 사람은 이렇게 말한다.   若復有人 作如是言^{약 부 유 인 작 여 시 언}

'나는 지금 생사를 끊지도 않고 열반을 구하지도 않는다.   我等今者 不斷生死 不求涅槃^{아 등 금 자 부 단 생 사 불 구 열 반}

열반과 생사에 대한 생각을 일으키거나 멸함이 없이   涅槃生死 無起滅念^{열 반 생 사 무 기 멸 념}

일체에 그냥 맡겨〔任〕 그 법의 성품에 따르는 것으로써 원각을 구하고자 한다.'   任彼一切 隨諸法性 欲求圓覺^{임 피 일 체 수 제 법 성 욕 구 원 각}

그러나 저 원각의 본성은 일체에 그냥 맡겨서〔任〕 나타나게 되는 것이 아니므로 이를 임병^{任病}이라고 이름하느니라.   彼圓覺性 非任有故 說名爲病^{피 원 각 성 비 임 유 고 설 명 위 병}

셋째는 지병^{止病}(생각을 그쳐 원각과
합하고자 하는 병)이니라.   三者 止病^{삼 자 지 병}

어떤 사람은 이렇게 말한다.   若復有人 作如是言^{약 부 유 인 작 여 시 언}

'나는 지금 내 마음의 생각들을 영원히 쉬어   我今 自心永息諸念^{아 금 자 심 영 식 제 념}

일체의 고요하고 평등한 본성을 얻어서 원각
을 구하고자 한다.' 득일체성적연평등 욕구원각
得一切性寂然平等 欲求圓覺

그러나 저 원각의 본성은 생각을 그쳐서〔止(지)〕
합할 수 있는 것이 아니므로 이를 지병(止病)이라고
이름하느니라. 피원각성 비지합고 설명위병
彼圓覺性 非止合故 說名爲病

넷째는 멸병(滅病)(일체를 멸하여 원각을
구하고자 하는 병)이니라. 사자 멸병
四者 滅病

어떤 사람은 이렇게 말한다. 약부유인 작여시언
若復有人 作如是言

'내가 지금 일체 번뇌를 영원히 끊게 되면
아금 영단일체번뇌
我今 永斷一切煩惱

몸과 마음이 마침내 공(空)하여져서 있는 바가 없
게 된다. 신심 필경공무소유
身心 畢竟空無所有

하물며 육근(六根)과 육진(六塵)의 허망한 경계가 어찌 있
겠는가. 하황근진허망경계
何況根塵虛妄境界

일체를 영원히 고요하게 하여 원각을 구하리
라.' 일체영적 욕구원각
一切永寂 欲求圓覺

그러나 저 원각의 본성은 일체를 멸한 모습〔

滅相(멸성)이 아니므로 이를 멸병(滅病)이라고 이름하느니라.

彼圓覺性(피원각성) 非滅相故(비멸상고) 說名爲病(설명위병)

이 네가지 병을 떠나야 곧 청정함을 알게 되나니

離四病者(이사병자) 則知淸淨(즉지청정)

이러한 관(觀)을 지으면 정관(正觀)이라 하고, 다른 관을 지으면 사관(邪觀)이라 하느니라.

作是觀者(작시관자) 名爲正觀(명위정관) 若他觀者(약타관자) 名爲邪觀(명위사관)

선남자야

善男子(선남자)

말세의 중생이 수행하기를 바란다면

末世衆生(말세중생) 欲修行者(욕수행자)

마땅히 목숨을 다해 착한 벗과 선지식을 공양하고 섬겨야 하느니라.

應當盡命(응당진명) 供養善友(공양선우) 事善知識(사선지식)

선지식이 와서 가까이 하려 하거든 교만한 마음을 버려야 하며

彼善知識(피선지식) 欲來親近(욕래친근) 應斷憍慢(응단교만)

멀리 떠나려 하여도 성을 내거나 한을 품지
말아야 하느니라.
若復遠離 應斷瞋恨
역경계와 순경계가 나타나더라도 마치 허공과
같이 하고
現逆順境 猶如虛空
몸과 마음〔身心〕이 마침내 평등하여
了知身心 畢竟平等

중생들과 더불어 한 몸이요〔同體〕 다름이 없음
을 분명히 알아야 하나니
與諸衆生 同體無異
이와 같이 수행하여야 비로소 원각에 들어가
느니라.
如此修行 方入圓覺

선남자야
善男子
말세의 중생이 도를 성취하지 못하는 것은
末世衆生 不得成道

시작 없는 옛적부터 나와 남을 미워하고 사랑
하는 일체의 종자를 심었기 때문이니
由有無始 自他憎愛 一切種子

이로 말미암아 해탈을 하지 못하느니라.

고 미 해 탈
故未解脫

만일 어떤 사람이 원수 보기를 내 부모와 같이 여겨서

약 부 유 인 관 피 원 가 여 기 부 모
若復有人 觀彼怨家 如己父母

마음에 둘이 있음이 없게 되면 곧 병들이 없어지나니

심 무 유 이 즉 제 제 병
心無有二 卽除諸病

모든 법 속에서 나와 남을 미워하고 사랑을 하는 것도 이와 같이 되어야 하느니라.

어 제 법 중 자 타 증 애 역 부 여 시
於諸法中 自他憎愛 亦復如是

선남자야

선 남 자
善男子

말세의 중생이 원각을 구하고자 하면 마땅히 발심하여 다음과 같이 말해야 하느니라.

말 세 중 생 욕 구 원 각 응 당 발 심 작 여 시 언
末世衆生 欲求圓覺 應當發心 作如是言

'허공계가 다하도록 일체 중생을 제가 다 구경의 원각에 들어가게 하되

진 어 허 공 일 체 중 생 아 개 금 입 구 경 원 각
盡於虛空 一切衆生 我皆今入究竟圓覺

원각 가운데에는 각을 취함이 없으므로 아상
인상을 비롯한 일체의 상들을 버리겠나이다.'

어 원 각 중　무 취 각 자　제 피 아 인 일 체 제 상
於圓覺中　無取覺者　除彼我人一切諸相

이와 같이 마음을 발하면 삿된 견해에 떨어지
지 않느니라."

여 시 발 심　불 타 사 견
如是發心　不墮邪見

그때 세존께서 거듭 이 뜻을 펴시고자 게송으
로 이르셨다.

이 시　세 존　욕 중 선 차 의　이 설 게 언
爾時　世尊　欲重宣此義　而說偈言

			보 각 여 당 지
보각이여	너희들은	마땅히 알라	普覺汝當知
말세에서	수행하는	모든 중생이	末世諸衆生
이끌어줄	선지식을	구하려 하면	欲求善知識
틀림없이	정견 갖춘	이를 구하되	應當求正見
성문 연각	이승 들을	떠나야 한다	心遠二乘者
법 가운데	네가지 병	없애야 하니	法中除四病
작병 지병	임병 멸병	그것이니라	謂作止任滅
선지식이	다가오면	교만치 말고	親近無憍慢

正見 (정견)
二乘 (이승)
作病 止病 任病 滅病 (작병 지병 임병 멸병)

			원리무진한 遠離無瞋恨
떠나가도	성내거나	恨 한 품지말며	
여러 가지	順逆境界 순역경계	보일지라도	견종종경계 見種種境界
희유하게	생각하는	마음을 내어	심당생희유 心當生稀有
부처님이	오신 듯이	대할지니라	환여불출세 還如佛出世
바른 계율	깨뜨리지	아니하여서	불범비율의 不犯非律儀
계의 뿌리	영원토록	청정케하고	계근영청정 戒根永淸淨
일체 중생	능력 따라	제도하면서	도일체중생 度一切衆生
究竟地 구경지인	원각에로	들어갈지니	구경입원각 究竟入圓覺
我相 人相 아상 인상	등의 상을	떠나 보내며	무피아인상 無彼我人相
어느 때나	禪定智慧 선정 지혜	의지할지면	상의지지혜 常依止智慧
문득 삿된	견해들을	초월하여서	변득초사견 便得超邪見
대열반을	틀림없이	증득하노라	증각반열반 證覺般涅槃

〈제10 보각보살장 끝〉

제11 원각보살장
_{圓覺菩薩章}

원각을 이루는 참회 수행법

그때 원각보살이 대중 가운데 있다가 자리에서 일어나, 부처님의 발에 이마를 대어 예배하고 부처님 주위를 오른쪽으로 세 번 돈 다음, 무릎을 꿇고 앉아 차수합장하고 아뢰었다.

_{어 시   원 각 보 살}
於是 圓覺菩薩

_{재 대 중 중}　_{즉 종 좌 기}　_{정 례 불 족}　_{우 요 삼 잡}　_{장 궤 차 수}　_{이 백 불 언}
在大衆中　卽從座起　頂禮佛足　右繞三匝　長跪叉手　而白佛言

"대비 세존이시여, 저희를 위해 청정한 원각의 갖가지 방편을 널리 설하시어, 말세 중생들로 하여금 큰 이익을 얻게 하셨나이다.

^{대비세존 위아등배 광설정각종종방편 영말세중생 유대증익}
大悲世尊 爲我等輩 廣說淨覺種種方便 令末世衆生 有大增益

세존이시여, 지금 저희는 이미 깨달음을 얻었
으나
^{세존 아등금자 이득개오}
世尊 我等今者 已得開悟

부처님께서 열반에 드신 뒤에 깨달음을 얻지
못한 말세의 중생은
^{약불멸후 말세중생 미득오자}
若佛滅後 末世衆生 未得悟者

어떻게 안거를 해야 원각의 청정한 경계를 닦
을 수 있나이까?
^{운하안거 수차원각청정경계}
云何安居 修此圓覺清淨境界

또한 원각의 세 가지 청정관〔三種淨觀〕 중에 무
엇을 으뜸으로 삼으오리까?

^{차원각중 삼종정관 이하위수}
此圓覺中 三種淨觀 以何爲首

오직 원하옵건대 대자비로 대중들과 말세의
중생을 위해 큰 이익을 베풀어 주옵소서.”

^{유원대비 위제대중급말세중생 시대요익}
唯願大悲 爲諸大衆及末世衆生 施大饒益

이렇게 아뢴 다음 오체투지의 절을 올리면서

세 번을 거듭 청하였다.

작시어이 오체투지 여시삼청 종이부시
作是語已 五體投地 如是三請 終而復始

그때 세존께서 원각보살에게 이르셨다.

이시 세존 고원각보살언
爾時 世尊 告圓覺菩薩言

"착하고 훌륭하구나, 선남자야. 선재선재 선남자
善哉善哉 善男子
너희가 여래에게 이와 같은 방편을 물어 중생
들에게 큰 이익을 베풀어주고자 하는구나.

여등 내능문어여래여시방편 이대요익시제중생
汝等 乃能問於如來如是方便 以大饒益施諸衆生

이제 자세히 들어라. 마땅히 너희를 위해 설하
리라."

여금제청 당위여설
汝今諦聽 當爲汝說

이에 원각보살은 가르침을 받고자 기쁜 마음
으로 대중들과 함께 조용히 귀를 기울였다.

시 원각보살 봉교환희 급제대중 묵연이청
時 圓覺菩薩 奉敎歡喜 及諸大衆 黙然而聽

"선남자야 선남자
善男子

부처님이 세상에 계시거나 열반에 든 뒤거나

말법의 시대거나
약불주세 약불멸후 약법말시
若佛住世 若佛滅後 若法末時

중생들이 대승(大乘)의 마음을 갖추어 부처님의

비밀대원각심(秘密大圓覺心)을 믿고 수행하고자 할 때
유제중생 구대승성 신불비밀대원각심 욕수행자
有諸衆生 具大乘性 信佛秘密大圓覺心 欲修行者

만일 가람에 있게 되면 대중과 함께 편안히 거

처하고
약재가람 안처도중
若在伽藍 安處徒衆

별다른 인연이 있으면 분수에 따라 생각하고

공부할지니
유연사고 수분사찰
有緣事故 隨分思察

내가 이미 설한 것과 같으니라.
여아이설
如我已說

만일 별다른 인연이 없다면 곧 공부할 도량을

정함과 동시에 기한도 정할지니
약부무유타사인연 즉건도량 당립기한
若復無有他事因緣 卽建道場 當立期限

장기는 120일, 중기는 1백일, 단기는 80일로

정할지니라.
약립장기 백이십일 중기백일 하기팔십일 안치정거
若立長期 百二十日 中期百日 下期八十日 安置淨居

만일 부처님이 계신 때라면 가르침을 따라 바

르게 사유하면 되고　　　　　若佛現在　當正思惟
약불현재　당정사유

부처님이 열반에 든 뒤라면 부처님의 형상을
모셔 놓고　　　　　　　若佛滅後　施設形像
약불멸후　시설형상

살아 계신 모습을 보는 듯이 생각을 되살리면
서　　　　　　　　　心存目想　生正憶念
심존목상　생정억념

여래가 항상 계신 것처럼 수행해야 하느니라.
還同如來常住之日
환동여래상주지일

곧 깃발[幡]들과 꽃들로 장식하고 삼칠일(21일)이
지날 때까지　　　　　懸諸幡華　經三七日
현제번화　경삼칠일

시방세계 부처님의 명호를 부르며 머리 조아
려 예배하고 간절히 참회하게 되면
稽首十方諸佛名字　求哀懺悔
계수시방제불명자　구애참회

좋은 경계를 만나 마음이 상쾌해지고 편안함
을 얻게 되느니라.　　　遇善境界　得心輕安
우선경계　득심경안

그리고 삼칠일이 지나면 생각을 하나로 가다
듬어야 하느니라.　　　過三七日　一向攝念
과삼칠일　일향섭념

만일 여름 결제 때가 되어 3개월의 안거를 하

거든

약경하수 삼월안거
若經夏首 三月安居

마땅히 청정한 보살의 자리에 머물러

당위청정보살지주
當爲淸淨菩薩止住

마음으로 성문(聲聞)을 떠나고 부질없이 대중 속에

휩쓸리지 않도록 할 것이며 　　心離聲聞 不假徒衆
심리성문 불가도중

안거일이 되면 부처님 전에 아뢸지니라.

지안거일 즉어불전 작여시언
至安居日 卽於佛前 作如是言

'저(비구 비구니 우바새 우바이) ○○○은 보살승(菩薩乘)(보살의 수레)

에 앉아서 我 比丘比丘尼 優婆塞優婆夷 某甲 踞菩薩乘
아 비구비구니 우바새우바이 모갑 거보살승

적멸의 행을 닦아 청정실상(淸淨實相) 속에 함께 들어가

고 　　　修寂滅行 同入淸淨實相住持
수적멸행 동입청정실상주지

대원각(大圓覺)을 저의 가람으로 삼아 몸과 마음이 평(平)

등성지(等性智)에 편안히 머무르기에

이대원각 위아가람 신심안거평등성지
以大圓覺 爲我伽藍 身心安居平等性智

열반(涅槃)의 자성(自性)이 번뇌에 얽매임이 없나이다.

涅槃自性 無繫屬故

지금 제가 공경히 청하옵니다.

今我敬請

성문에 의지하지 않고

不依聲聞

시방의 여래 및 대보살과 함께 3개월 안거를

하여

當與十方如來 及大菩薩 三月安居

보살의 무상묘각대인연(가장 높고 묘하기 그지없는 깨달음의 큰 인연)을 닦을

無上妙覺大因緣

뿐 대중 속에 휩쓸리지 않게 하여지이다.'

爲修菩薩無上妙覺大因緣故 不繫徒衆

선남자야

善男子

이를 보살이 나타내어 보이는 안거라고 이름

安居

하나니

此名菩薩 示現安居

세 가지 기한(80일·1백일·120일)이 차게 되면 가는 데마다

걸림이 없게 되느니라.

過三期日 隨往無礙

선남자야

善男子

만일 말세의 수행하는 중생으로서

若彼末世修行衆生

보살도를 구하고자 하여 장기(120일) 중기(백일) 단기(80일)의 수행에 들어간 이가 _{구 보 살 도 입 삼 기 자} 求菩薩道 入三期者

들은 바와 같지 않으면 어떠한 경계도 끝내 취하지 말지니라. _{비 피 소 문 일 체 경 계 종 불 가 취} 非彼所聞 一切境界 終不可取

선남자야 _{선 남 자} 善男子

만일 중생들이 사마타를 닦고자 하면 _{약 제 중 생 수 사 마 타} 若諸衆生 修奢摩他

먼저 지극한 고요함(至靜)을 취하여 사념(생각)을 일으키지 말지니 _{선 취 지 정 불 기 사 념} 先取至靜 不起思念

고요함이 지극해지면 문득 깨닫게 되느니라. _{정 극 편 각} 靜極便覺

이와 같이 처음의 고요함이 한 몸(一身)으로부터 한 세계(一世界)에 이르나니 _{여 시 초 정 종 어 일 신 지 일 세 계} 如是初靜 從於一身 至一世界

원각 또한 이와 같으니라. _{각 역 여 시} 覺亦如是

선남자야 _{선 남 자} 善男子

원각이 한 세계에 가득 차면　　　　약각변만일세계자
　　　　　　　　　　　　　若覺徧滿一世界者
한 세계 속의 한 중생이 일으키는 한 생각까
지 모두 알 수 있으며
　　　　　　　일세계중 유일중생 기일념자 개실능지
　　　　　　　一世界中 有一衆生 起一念者 皆悉能知

백천 세계에 대해서도 이와 같으니라.
　　　　　　　　　　　백천세계 역부여시
　　　　　　　　　　　百千世界 亦復如是

만일 이 말과 다르면 어떠한 경계도 끝내 취
하지 말지어다.　　　비피소문 일체경계 종불가취
　　　　　　　　　　非彼所聞 一切境界 終不可取

선남자야　　　　　　　　　　　　　선남자
　　　　　　　　　　　　　　　　善男子
　　　　　　　　　삼마발제
만일 중생들이 삼마발제를 닦고자 하면
　　　　　　　　　약제중생 수삼마발제
　　　　　　　　　若諸衆生 修三摩鉢提

먼저 시방의 여래와 시방세계 일체 보살을 기
억하고 생각하면서
　　　　　선당 억상 시방여래 시방세계 일체보살
　　　　　先當 憶想 十方如來 十方世界 一切菩薩
　　　　　　　　　문
여러 가지 문에 의지하여 점차로 수행하되
　　　　　　　　　의종종문 점차수행
　　　　　　　　　依種種門 漸次修行

부지런히 삼매를 닦으면서 대원(大願)을 널리 발하고 스스로 훈습(熏習)(향기가 스며 들도록 익힘)하면 종자(種子)를 성취하게 되느니라.

근고삼매 광발대원 자훈성종
勤苦三昧 廣發大願 自熏成種

만일 이 말과 다르면 어떠한 경계도 끝내 취하지 말지어다.

비피소문 일체경계 종불가취
非彼所聞 一切境界 終不可取

선남자야

선남자
善男子

만일 중생들이 선나(禪那)를 닦고자 하면

약제중생 수어선나
若諸衆生 修於禪那

먼저 수식관(數息觀)(들이키고 내쉬는 호흡의 수를 세는 관법)을 취하여 마음에서 생겨나고 머무르고 소멸하는 생각〔生住滅念〕의 내용과 수효를 분명히 알아야 하느니라.

선취수문 심중 요지생주멸념 분제두수
先取數門 心中 了知生住滅念 分齊頭數

이렇게 두루 헤아리며 닦아가면 행주좌와〔四威儀〕 속에서 분별하는 생각들을 알지 못함이 없게 되고

여시주변 사위의중 분별념수 무불요지
如是周徧 四威儀中 分別念數 無不了知

점차 이 힘이 증진되면 백천세계(百千世界)에 떨어지는

빗물 한방울까지 아는 것이 마치 눈앞의 물건을 보듯이 하게 되느니라.

_{점차증진} _{내지득지백천세계일적지우} _{유어목도소수용물}
漸次增進 乃至得知百千世界一滴之雨 猶如目覩所受用物

만일 이 말과 다르면 어떠한 경계도 끝내 취하지 말지어다.

_{비피소문} _{일체경계} _{종불가취}
非彼所聞 一切境界 終不可取

이것을 삼관(_{三 觀})(사마타·삼마발제·선나)이라 이름하나니 가장 으뜸가는 방편이니라.

_{시명삼관} _{초수방편}
是名三觀 初首方便

만일 중생들이 이 세 가지를 두루 닦으면서 부지런히 정진하면 '여래께서 세상에 출현함'이라 하느니라.

_{약제중생} _{변수삼종} _{근행정진} _{즉명여래출현우세}
若諸衆生 徧修三種 勤行精進 卽名如來出現于世

말세에 근기가 둔한 중생이 도를 구하고자 하나 성취하지 못하는 것은 옛 업장 때문이니

_{약후말세} _{둔근중생} _{심욕구도} _{부득성취} _{유석업장}
若後末世 鈍根衆生 心欲求道 不得成就 由昔業障

마땅히 부지런히 참회하여 항상 희망을 불러 일으키고

_{당근참회} _{상기희망}
當勤懺悔 常起希望

미움과 사랑과 질투와 아첨과 왜곡 등을 끊으면서 수승한 마음을 구하여야 하느니라.

선 단 증 애 질 투 첨 곡 구 승 상 심
先斷憎愛 嫉妬諂曲 求勝上心

그리고 세 가지 청정한 관〔三種淨觀〕 중에 하나를 골라 공부를 하되

삼 종 정 관 수 학 일 사
三種淨觀 隨學一事

하나의 관에서 얻지 못하면 다시 다른 관을 익혀야 하나니

차 관 부 득 부 습 피 관
此觀不得 復習彼觀

마음을 놓아버리지 말고 점차로 깨달음을 구할지니라.”

심 불 방 사 점 차 구 증
心不放捨 漸次求證

그때 세존께서 거듭 이 뜻을 펴시고자 게송으로 이르셨다.

이 시 세 존 욕 중 선 차 의 이 설 게 언
爾時 世尊 欲重宣此義 而說偈言

원각이여	너희들은	마땅히 알라	圓覺汝當知
시방세계	그 어떠한	중생이든지	一切諸衆生
부처님의	위없는 도	구하려 하면	欲求無上道
가장 먼저	공부하는	기간 정하고	先當結三期

무시이래   지은 업을   참회하면서   懺悔無始業 (참회무시업)

삼칠일의   기간 모두   채운 다음에   經於三七日 (경어삼칠일)

부처님의   가르침을   정사유(正思惟)하라   然後正思惟 (연후성사뉴)

들은 바와   얻은 경계   서로 다르면   非彼所聞境 (비피소문경)

그 경계를   취해서는   안 되느니라   畢竟不可取 (필경불가취)

그지없는   고요함이   사마타이고   奢摩他至靜 (사마타지정)

근본원(根本願)을   잘 기억함   삼마발제며   三摩正憶持 (삼마정억지)

수식관문(數息觀門)   잘 행함이   선나이니라   禪那明數門 (선나명수문)

이게 바로   세 종류의   청정관이니   是名三淨觀 (시명삼정관)

부지런히   이를 닦아   능히 익히면   若能勤修習 (약능근수습)

부처님이   출세했다   이름하노라   是名佛出世 (시명불출세)

만일 근기   둔하여서   성취 못하면   鈍根未成者 (둔근미성자)

부지런한   마음으로   참회를 하라   常當勤心懺 (상당근심참)

무시 이래   지어 왔던   모든 죄업과   無始一切罪 (무시일체죄)

장애들이   마침내 다   녹아내리면   諸障若銷滅 (제장약소멸)

부처 경계   문득 앞에   나타나노라   佛境便現前 (불경변현전)

〈제11 원각보살장 끝〉

제12 현선수보살장
賢善首菩薩章

원각경 유통의 공덕

그때 현선수보살이 대중 가운데 있다가 자리
에서 일어나, 부처님의 발에 이마를 대어 예배
하고 부처님 주위를 오른쪽으로 세 번 돈 다
음, 무릎을 꿇고 앉아 차수합장하고 아뢰었
다.
어시 현선수보살
於是 賢善首菩薩

재대중중　　즉종좌기　　정례불족　　우요삼잡　　장궤차수　　이백불언
在大衆中　　卽從座起　　頂禮佛足　　右繞三匝　　長跪叉手　　而白佛言

"대비 세존이시여, 저희와 말세 중생을 위해 이
와 같은 불가사의한 일을 깨우쳐 주셨나이다.

대비세존 광위아등 급말세중생 개오여시불사의사
大悲世尊 廣爲我等 及末世衆生 開悟如是不思議事

세존이시여, 이 대승교(大乘教)의 이름은 무엇이며, 어떻게 받들어 지녀야 하옵니까?

세존 차대승교명자 하등 운하봉지
世尊 此大乘教名字 何等 云何奉持

중생이 이것을 닦아 익히면 어떠한 공덕을 얻게 되옵니까?

중생수습 득하공덕
衆生修習 得何功德

저희는 이 경을 지니는 이를 어떻게 보호해야 하며

운하사아 호지경인
云何使我 護持經人

이 가르침을 유포하게 되면 어떠한 지위에 이르게 되옵니까?"

유포차교 지어하지
流布此教 至於何地

이렇게 아뢴 다음 오체투지의 절을 올리면서 세 번을 거듭 청하였다.

작시어이 오체투지 여시삼청 종이부시
作是語已 五體投地 如是三請 終而復始

그때 세존께서 현선수보살에게 이르셨다.

이시 세존 고현선수보살언
爾時 世尊 告賢善首菩薩言

"착하고 훌륭하구나, 선남자야. 善哉善哉 善男子

너희가 보살들과 말세 중생을 위해 여래에게

이 경의 공덕과 이름 등에 대해 묻는구나.

汝等 乃能爲諸菩薩 及末世衆生 問 於如來如是經敎 功德名字

이제 자세히 들어라. 마땅히 너희를 위해 설하

리라."

汝今諦聽 當爲汝說

이에 현선수보살은 가르침을 받고자 기쁜 마

음으로 대중들과 함께 조용히 귀를 기울였다.

時 賢善首菩薩 奉敎歡喜 及諸大衆 黙然而聽

"선남자야 善男子

이 경은 백천만억 항하의 모래 수만큼 많은

부처님들께서 설하시고

是經 百千萬億恒河沙諸佛所說

삼세의 여래께서 수호하시는 바요

三世如來之所守護

시방의 보살이 귀의하는 바이며

십이부경(十二部經)의 청정한 안목이니라.

이 경의 이름은 대방광원각다라니경(大方廣圓覺陀羅尼經)이요

十方菩薩之所歸依

十二部經清淨眼目

是經名 大方廣圓覺陀羅尼

또한 수다라요의경(修多羅了義經)

또한 비밀왕삼매경(秘密王三昧經)

또한 여래결정경계경(如來決定境界經)

또한 여래장자성차별경(如來藏自性差別經)이라 이름하나니

亦名 修多羅了義

亦名 秘密王三昧

亦名 如來決定境界

亦名 如來藏自性差別

너희는 마땅히 받들어 지닐지어다.

汝當奉持

선남자야

善男子

이 경은 오로지 여래의 경계를 드러낸 것이니

是經 唯顯如來境界

오직 부처님이라야 능히 잘 설할 수 있느니라.

唯佛如來 能盡宣說

만일 보살들과 말세 중생이 이를 의지하여 수
행하면
약제보살 급말세중생 의차수행
若諸菩薩 及末世衆生 依此修行

점차 공부가 높아져서 부처의 경지에 이르게
되느니라.
점차증진 지어불지
漸次增進 至於佛地

선남자야
선남자
善男子

頓敎大乘
이 경을 돈교대승이라 이름하나니
시경 명위돈교대승
是經 名爲頓敎大乘

단박에 깨닫는 근기〔頓機〕의 중생은 이를 좇아
돈기
깨달음을 열고
돈기중생 종차개오
頓機衆生 從此開悟

점차로 닦아 익히는 무리들도 모두 포섭하느
니라.
역섭점수일체군품
亦攝漸修一切群品

마치 큰 바다가 작은 물줄기들을 사양하지
않고 받아들일 뿐 아니라
비여대해 불양소류
譬如大海 不讓小流

모기·날파리 및 아수라까지도 그 물을 마시
며 충만함을 얻는 것과 같으니라.
내지문맹 급아수라 음기수자 개득충만
乃至蚊䗻 及阿修羅 飮其水者 皆得充滿

선남자야
<ruby>善男子<rt>선 남 자</rt></ruby>

가령 어떤 사람이 순전히 <ruby>칠보<rt>七寶</rt></ruby>로써 삼천대천 세계에 가득히 쌓아 보시를 할지라도

假使有人 純以七寶 積滿三千大千世界 以用布施
(가사유인 순이칠보 적만삼천대천세계 이용보시)

어떤 사람이 이 경의 이름이나 한 구절의 뜻을 듣는 것만 못하느니라.

不如有人 聞此經名 及一句義
(불여유인 문차경명 급일구의)

선남자야
<ruby>善男子<rt>선 남 자</rt></ruby>

가령 어떤 사람이 1백 항하의 모래 수만큼 중생을 교화하여 <ruby>아라한과<rt>阿羅漢果</rt></ruby>를 얻게 할지라도

假使有人 敎百恒河沙衆生 得阿羅漢果
(가사유인 교백항하사중생 득아라한과)

어떤 이가 이 경의 반 게송을 잘 분별하여 설하는 것만 못하느니라. 不如有人 宣說此經分別半偈
(불여유인 선설차경분별반게)

선남자야
<ruby>善男子<rt>선 남 자</rt></ruby>

만일 어떤 이가 이 경의 이름을 듣고 믿어 마음에 의혹이 없으면 若復有人 聞此經名 信心不惑
(약부유인 문차경명 신심불혹)

마땅히 알아라. 이 사람은 한 부처님이나 두 부처님께만 복덕과 지혜를 심은 것이 아니라

당지시인 비어일불이불 종제복혜
當知是人 非於一佛二佛 種諸福慧

항하의 모래 수만큼의 일체 부처님 처소에서 갖가지 선근(善根)들을 심었고 이 경의 가르침을 들은 것이니라.

여시내지진항하사일체불소 종제선근 문차경교
如是乃至盡恒河沙一切佛所 種諸善根 聞此經敎

너희 선남자들은 마땅히 이 말세의 수행자를 보호하여

여선남자 당호말세시수행자
汝善男子 當護末世是修行者

악마와 외도들이 그의 몸과 마음을 괴롭혀서 물러나게 하는 일이 없도록 해야 할 것이니라."

무령악마 급제외도 뇌기신심 영생퇴굴
無令惡魔 及諸外道 惱其身心 令生退屈

그때 세존께서 거듭 이 뜻을 펴고자 게송으로 이르셨다.

이시 세존 욕중선차의 이설게언
爾時 世尊 欲重宣此義 而說偈言

현선수여   너희들은   마땅히 알라

현선수당지
賢善首當知

이 경전은　제불께서　설한 것이요　시 경 제 불 설 是經諸佛說

여래께서　보호하고　지키시나니　여 래 선 호 지 如來善護持

십이부의　경전 중에　으뜸이니라　십 이 부 안 목 十二部眼目

광대하고　십오하고　원만하여서　명 위 대 방 광 名爲大方廣

이름 또한　大方廣 대방광의　圓覺陀羅尼 원각다라니　원 각 다 라 니 圓覺陀羅尼

부처님의　모든 경계　나타냈으니　현 여 래 경 계 現如來境界

이 경전에　의지하여　수행하는 자　의 차 수 행 자 依此修行者

부처님의　경지에로　나아가서는　증 진 지 불 지 增進至佛地

바다처럼　모든 냇물　받아들이고　여 해 납 백 천 如海納百川

마시는 자　남김없이　충만케 한다　음 자 개 충 만 飲者皆充滿

가령 칠보　마련하여　보시한 것이　가 사 시 칠 보 假使施七寶

온 세계에　가득차게　쌓일지라도　적 만 삼 천 계 積滿三千界

이 경전을　듣는 것만　같지 못하고　불 여 문 차 경 不如聞此經

항하사수　중생들을　제도하여서　약 화 하 사 중 若化河沙衆

그들 모두　아라한이　되게 하여도　개 득 아 라 한 皆得阿羅漢

半偈頌 반게송을　펴는 것만　같지 못하다　불 여 선 반 게 不如宣半偈

너희들은　앞으로의　미래 세상에　여 등 어 내 세 汝等於來世

이 경전을   지닌 이를   잘 보호하여   <ruby>護<rt>호</rt></ruby> <ruby>是<rt>시</rt></ruby> <ruby>宣<rt>선</rt></ruby> <ruby>持<rt>지</rt></ruby> <ruby>者<rt>자</rt></ruby>

물러나는   마음 내지   않게 하여라   <ruby>無<rt>무</rt></ruby> <ruby>令<rt>령</rt></ruby> <ruby>生<rt>생</rt></ruby> <ruby>退<rt>퇴</rt></ruby> <ruby>屈<rt>굴</rt></ruby>

그때 대중 가운데 있던 화수금강과 최쇄금강
과 니람파금강 등 8만의 금강이 그들의 권속
과 함께 자리에서 일어나, 부처님의 발 아래
이마를 조아려 예배하고 부처님 주위를 오른
쪽으로 세 번 돈 다음 아뢰었다.

이 시 회 중   유 화 수 금 강   최 쇄 금 강   니 람 파 금 강 등
爾時會中 有火首金剛 摧碎金剛 尼藍婆金剛等

팔 만 금 강   병 기 권 속   즉 종 좌 기   정 례 불 족   우 요 삼 잡   이 백 불 언
八萬金剛 并其眷屬 卽從座起 頂禮佛足 右繞三匝 而白佛言

"세존이시여, 만일 뒷날 말세의 중생들 중에
이 결정적인 대승을 능히 지니는 이가 있으면

세 존   약 후 말 세 일 체 중 생   유 능 지 차 결 정 대 승
世尊 若後末世一切衆生 有能持此決定大乘

저희는 마땅히 저희의 눈을 보호하듯이 그들
을 수호하겠나이다.

아 당 수 호   여 호 안 목
我當守護 如護眼目

또한 그들이 수행처로 삼는 도량으로 저희 금

강의 무리를 이끌고 나아가서

_{내 지 도 장 소 수 행 처} _{아 등 금 강} _{자 령 도 중}
乃至道場所修行處 我等金剛 自領徒衆

밤낮없이 수호하여 그들이 물러나지 않도록
하겠나이다.

_{신 석 수 호} _{영 불 퇴 전}
晨夕守護 令不退轉

그리고 그들이 거주하는 집에 영원히 재앙과
장애를 없게 하고 질병이 소멸되며

_{기 가} _{내 지 영 무 재 장} _{역 병 소 멸}
其家 乃至永無災障 疫病銷滅

재물이 풍족하여 항상 부족함이 없도록 하겠
나이다."

_{재 보 풍 족} _{상 불 핍 소}
財寶豐足 常不乏少

_{大 梵 王} _{二 十 八 天 王} _{須 彌 山 王} _護
그때 대범왕과 이십팔천왕과 수미산왕과 호
_{國 天 王}
국천왕 등도 자리에서 일어나, 부처님의 발에
이마를 대어 예배하고 부처님 주위를 오른쪽
으로 세 번 돈 다음 아뢰었다.

_{이 시} _{대 범 왕} _{이 십 팔 천 왕} _{병 수 미}
爾時 大梵王 二十八天王 幷須彌

_{산 왕} _{호 국 천 왕 등} _{즉 종 좌 기} _{정 례 불 족} _{우 요 삼 잡} _{이 백 불 언}
山王 護國天王等 卽從座起 頂禮佛足 右遶三匝 而白佛言

"세존이시여, 저희 또한 이 경을 지니는 자를 수호하여

世尊 我亦守護是持經者
세존 아역수호시지경자

그들을 항상 편안케 하고 물러남이 없도록 하겠나이다."

常令安隱 心不退轉
상령안은 심불퇴전

그때 길반다라는 이름을 가진 대력귀왕이 십만의 귀왕들과 함께 자리에서 일어나, 부처님의 발에 이마를 대어 예배하고 부처님 주위를 오른쪽으로 세 번 돈 다음 아뢰었다.

爾時 有大力鬼王
이시 유대력귀왕

名吉槃茶 與十萬鬼王 卽從座起 頂禮佛足 右遶三匝 而白佛言
명길반다 여십만귀왕 즉종좌기 정례불족 우요삼잡 이백불언

"저희 또한 이 경을 지니는 이를 수호하여 아침저녁으로 모시고 지켜줌으로써 물러나지 않도록 할 것이며

我亦守護是持經人 朝夕侍衛 令不退屈
아역수호시지경인 조석시위 영불퇴굴

그가 머무는 장소의 일유순 안쪽으로 침범하는 귀신이 있다면 저희가 반드시 그 귀신을

때려 잡아 티끌로 만들어 버릴 것이옵니다."

<small>기 인 소 거 일 유 순 내   약 유 귀 신   침 기 경 계   아 당 사 기 쇄 여 미 진</small>
其人所居一由旬內 若有鬼神 侵其境界 我當使其碎如微塵

부처님께서 이 경을 설하여 마치시자

<small>불 설 차 경 이</small>
佛說此經已

<small>天 龍</small>　　　　　　<small>八 部 神 衆</small>
일체 보살과 천·용 등의 팔부신중과 그 권속,
<small>天 王　梵 王</small>
모든 천왕·범왕 등의 일체대중이

<small>일 체 보 살   천 용 귀 신   팔 부 권 속   급 제 천 왕 범 왕 등   일 체 대 중</small>
一切菩薩 天龍鬼神 八部眷屬 及諸天王梵王等 一切大衆

부처님의 설법을 듣고 크게 환희하며 믿고 새

기고 받들어 행하였다. <small>문 불 소 설   개 대 환 희   신 수 봉 행</small>
聞佛所說 皆大歡喜 信受奉行

〈제12 현선수보살장 끝〉

<small>南 無 大 方 廣 圓 覺 修 多 羅 了 義 經</small>
나무대방광원각수다라요의경(3번)

용어풀이(가나다 순)

경안(輕安) 몸과 마음이 유연하여 가볍고 편안함.

난생(卵生) 4생四生의 하나. 알에서 태어나는 것. 새·닭·오리 등.

대다라니문(大多羅尼門) 다라니dhāranī는 모든 공덕이 다 갖추어져 있다는 뜻으로 총지總持
라고 번역함. 원각의 본체에 한량없는 공덕이 갖추어져 있으므로 원각을 대다라니문이라
하고, 여기에 문門 자를 붙인 것은 이 원각다라니의 문을 열고 원각의 세계로 들어간다는
뜻이 있음.

말세(末世) 사람의 마음이 어지럽고, 여러 가지 죄악이 성행하는 시대.

무명(無明) 마음에 밝음이 없는 것. 곧 진리에 어두워 있는 그대로를 보지 못하고, 윤회와 괴
로움을 받게 하는 근본 원인.

무생법인(無生法忍) 무생인無生忍이라고도 함. 불생불멸한 법성을 인지하고 거기에 머물러
움직이지 않는 것.

바가바(婆伽婆) 부처님의 명호 중 하나. Bhagavat의 음역으로, 자재·치성·단엄·명칭·길상·존
귀·유덕有德 등 많은 뜻이 담겨 있으며, 의역하여 세존世尊이라 번역함.

바라밀(波羅蜜) 범어 pāramitā의 음역. 도피안到彼岸이라 번역되며 깨달음의 완성, 해탈을 의미
함. 보살이 닦아가는 수행법으로 육바라밀·십바라밀 등이 있음.

보리(菩提) 깨달아 얻는 지혜.

본각(本覺) 우주법계의 근본인 본래의 깨달음. 닦아 깨달음을 이루는 시각始覺에 대비되는 말.

본래성불(本來成佛) 중생이 본래 그대로 부처라는 뜻. 진여의 견지에서 보면 중생이나 부처
가 조금도 다르지 않으며, 깨닫고 보면 번뇌가 곧 보리요 중생이 곧 부처라는 가르침.

사대(四大) 물질을 구성하는 지地·수水·화火·풍風의 네 가지 요소. 우리의 몸은 이 사대로
이루어져 있다고 함.

사마타(奢摩他) 범어 śamatha의 음역. 지止·적정寂靜·능멸能滅·정定 등으로 번역함. 마음 가
운데 일어나는 산란한 망념을 쉬고 마음을 한곳에 머물게 하여 적정한 상태.

사무소외(四無所畏) 부처님만이 가질 수 있는 네 가지의 흔들림 없는 자신감. ① 바른 깨달
음을 얻었음 ② 모든 번뇌를 남김없이 다 끊었음 ③ 누구보다도 바르게 제자들에게 도道
를 설하고 있음 ④ 괴로움의 세계로부터 벗어나는 길을 있는 그대로 설하고 있음.

사무애지(四無礙智) 사무애변四無礙辯이라고도 함. 4가지 막힘없는 이해와 표현 능력. ① 모
든 법을 남김없이 환하게 아는 법무애변法無礙辯 ② 모든 법의 뜻을 막힘없이 환하게 아는
의무애변義無礙辯 ③ 여러 가지 말들을 구사하여 막힘없이 설법하는 사무애변辭無礙辯 ④

상대가 잘 이해할 수 있도록 즐겁고 걸림없이 설법하는 요설무애변樂說無礙辯.

사상(四相) 아상我相·인상人相·중생상衆生相·수명상壽命相. 금강경의 사상과 달리 수자상을 수명상이라 하였음.

사위의(四威儀) 행行·주住·좌坐·와臥. 일상생활에 있어서의 온갖 몸짓(4종)이 부처님의 계에 꼭 들어맞는 행동을 말함.

사장(事障) 현실 속에서의 장애로, 각종 물든 생각들.

삼관(三觀) 원각경에서 계속 강조하고 있는 사마타·삼마발제·선나.

삼마발제(三摩鉢提) 범어 Samapatti의 음역. 정정의 작용으로, 여기에서는 자비를 실천하여 중생을 교화함을 뜻함.

삼십칠품조도법(三十七品助道法) 사념처四念處·사정근四正勤·사여의족四如意足·오근五根·오력五力·칠각지七覺支·팔정도八正道를 합친 37항목. 이는 깨달음을 얻기 위한 실천을 37가지로 정리한 것임.

(1)4념처(四念處) ① 육신이 부정하다고 관하는 것(身念處 : 觀身不淨) ② 우리가 즐거움이라고 받아들이는 것도 참 낙이 아니고 모두 고통이라고 관하는 것(受念處 : 觀受是苦) ③ 우리의 마음을 무상한 것이라고 관하는 것(心念處 : 觀心無常) ④ 제법에 자아인 실체가 없다고 관하는 것(法念處 : 觀法無我).

(2)4정근(四正勤) 4정단四正斷이라고도 함. ① 이미 생긴 악惡을 없애려고 부지런히 함 ② 아직 생기지 않은 악을 미리 방지하려고 부지런히 함 ③ 이미 생긴 선善을 더 증장시키려고 부지런히 함 ④ 아직 생기지 않은 선을 생기도록 부지런히 함.

(3)4여의족(四如意足) 사신족四神足이라고도 함. ① 욕欲 ② 정진精進 ③ 심心 ④ 사유思惟. 이 넷이 있어 자유자재한 신통이 일어나므로 4여의족이라 함.

(4)5근(五根) 보리를 이루기 위한 다섯 가지 뿌리. ① 신근信根 ② 진근進根 ③ 염근念根 ④ 정근定根 ⑤ 혜근慧根.

(5)5력(五力) 보리에 도달하는데 필요한 다섯 가지 힘. ① 신력信力 ② 진력進力 ③ 염력念力 ④ 정력定力 ⑤ 혜력慧力.

(6)7각분(七覺分) 7각지七覺支라고도 함. 보리에 도달하기 위해 수행하는데, 지혜로써 참되고 거짓되고 선하고 악한 것을 살펴서 골라내고 알아차리는 7가지. ① 택법각분擇法覺分 ② 정진각분精進覺分 ③ 희각분喜覺分 ④ 제각분除覺分 ⑤ 사각분捨覺分 ⑥ 정각분定覺分 ⑦ 염각분念覺分.

(7)8정도(八正道) 보리·열반에 이르는 완전한 수행법인 중도中道의 8가지 바른길. ① 정견正見 ② 정사유正思惟 ③ 정어正語 ④ 정업正業 ⑤ 정명正命 ⑥ 정정진正精進 ⑦ 정념正念 ⑧ 정정正定.

선나(禪那) 범어 Dhyāna의 음역. 선禪이라 약칭. 번뇌가 없는 적멸寂滅의 상태를 이룸.

십력(十力) 부처님만이 지니고 있는 10가지 지혜의 힘.
① 옳고 그름을 변별하는 지혜의 힘(處非處智力)

② 선악의 업과 그 과보를 여실하게 아는 지혜의 힘(業異熟智力)

③ 선정과 해탈 등을 여실히 아는 지혜의 힘(禪定解脫智力)

④ 중생 근기의 상하 우열을 여실히 아는 지혜의 힘(根上下智力)

⑤ 중생의 여러 가지 의욕 등을 여실히 아는 지혜의 힘(種種勝解智力)

⑥ 중생계의 온갖 경계를 여실히 아는 지혜의 힘(種種界智力)

⑦ 수행하여 나아가는 길을 여실히 아는 지혜의 힘(遍趣行智力)

⑧ 중생의 숙명을 여실히 아는 지혜의 힘(宿住隨念智力)

⑨ 중생들의 죽음과 태어남을 여실히 아는 지혜의 힘(死生智力)

⑩ 일체의 번뇌가 다한 것을 여실히 아는 지혜의 힘(漏盡智力).

십이부경(十二部經) 부처님의 교설을 그 경문의 성질과 형식 등으로 구분하여 열둘로 나눈 것. 십이분경十二分經이라고도 함.

① 계경(契經, sūtra): 경전 중에서 법의 뜻을 설한 긴 산문체.

② 중송(重頌, geya): 산문체 경문 뒤에 운문으로 그 내용을 노래한 글.

③ 풍송(諷頌, gāthā): 긴 산문체 없이 바로 게송으로 설한 경.

④ 인연(因緣, nidāna): 부처님 설법 교화의 인연을 설한 것.

⑤ 본사(本事, itivṛttaka): 불제자들의 과거세 인연을 설한 것.

⑥ 본생(本生, jātaka): 부처님의 과거세 인연을 설한 것.

⑦ 미증유법(未曾有法, adbhuta-dharma) : 부처님의 여러 가지 신통력에 대한 것.

⑧ 비유(譬喩, avadāna): 비유를 들어 설한 것.

⑨ 논의(論議, upadeśa): 교법의 뜻을 논의하고 문답한 것.

⑩ 무문자설(無問自說, udāna): 묻는 이가 없는데 부처님께서 스스로 설한 것.

⑪ 방광(方廣, vaipulya): 바르고 광대한 진리를 설한 것.

⑫ 수기(授記, vyākaraṇa): 다음 세상에 날 곳을 예언하거나 성불을 수기하는 것.

이 12부 가운데 ① 계경과 ② 중송과 ③ 풍송은 경문 상의 체제이고, 나머지 9부는 경에 실린 내용을 분류하여 이름을 붙인 것임.

십이처(十二處) 인식기관인 6근六根과 대상인 6경六境을 합한 것.

십팔계(十八界) 6근六根과 6경六境에 육근과 육경이 접촉할 때 일어나는 정신 작용인 6식六識(眼·耳·鼻·舌·身·意識)을 합한 것

십팔불공법(十八不共法) 부처님만이 지닌 18가지 능력.

① 몸으로 짓는 업에 허물이 없음   ② 입으로 짓는 업에 허물이 없음

③ 뜻으로 짓는 업에 허물이 없음   ④ 모든 중생을 평등하게 대함

⑤ 언제나 마음이 고요하고 편안함   ⑥ 일체를 남김없이 포용함

⑦ 중생 제도의 의욕이 그치지 않음   ⑧ 중생 제도의 노력을 그치지 않음

⑨ 중생을 제도하되 만족함이 없음   ⑩ 지혜가 한량없음

⑪ 일체 해탈을 다 이룸   ⑫ 해탈지견에서 물러나지 않음

⑬ 모든 행위를 지혜에 따라 함　　⑭ 모든 말을 지혜에 따라 함

⑮ 모든 생각을 지혜에 따라 함　　⑯ 과거의 모든 일을 막힘없이 앎

⑰ 현재의 모든 일을 막힘없이 앎　　⑱ 미래의 모든 일을 막힘없이 앎

아승지(阿僧祇) 범어 asaṁkhya의 음역. 무수無數, 무앙수無央數라 번역. 산수로 표현할 수 없는 큰 수

여래장(如來藏) 범어 tathāgata-garbha의 번역. 여래를 갈무리하고 있는 우리의 본성. 중생 속에 있는 여래.

여환삼매(如幻三昧) 환幻, 곧 허깨비와 같음을 체득하는 삼매.

열반(涅槃) 번뇌의 불이 완전히 꺼져 깨달음의 지혜인 보리가 완성된 경지.

오성(五性) 일반적으로는 보살정성·연각정성·성문정성·부정성·무성의 5종을 가리키지만, 여기서는 외도·성문·연각·보살·여래성을 가리킨다.

오체투지(五體投地) 몸의 다섯 부분인 두 팔과 두 무릎과 이마를 땅에 대고 하는 큰 절.

원각(圓覺) 부처님의 원만한 깨달음.

원음(圓音) 부처님의 원만한 음성. 듣는 사람들은 근기에 따라 스스로에 맞게 이 원음을 달리 받아들임.

유순(由旬) 범어 yojana의 음사. 인도 잇수里數의 단위. 성왕聖王의 하루 행정行程인 40리(혹은 30리)에 해당.

육근(六根) 모든 인식기관인 눈眼·귀耳·코鼻·혀舌·몸身·뜻意의 여섯 감각 기관.

육진(六塵) 육경六境이라고도 함. 눈·귀·코·혀·몸·뜻의 육근六根의 대상이 되는 색·소리·향기·맛·감촉·법(色聲香味觸法)의 여섯 가지 경계.

이십오유(二十五有) 유有는 존재라는 뜻. 생멸윤회하는 미혹한 중생을 25종류로 나눈 것. 25종 중생. 즉, 지옥·아귀·축생·아수라(四惡趣) 인人, 동불바제·남염부주·서구야니·북울단월의 4주四洲 인人 사왕천·도리천·야마천·도솔천·화락천·타화자재천(六欲天), 초선천·범왕천·제이선천·제삼선천·제사선천·무상천·오나함천(色界天) 인人, 공무변처천·식무변처천·무소유처천·비상비비상처천(無色界天) 인人. 이를 줄여서 삼계 육도라고 한다.

이장(理障) 근본무명으로, 정견正見을 방해하는 번뇌.

인지법행(因地法行) 부처님께서 발심하였을 때 닦은 행. 곧 부처되게 하는 수행.

전도(顚倒) 뒤바뀌고 거꾸로 됨. 따라서 진리를 알지 못하고 번뇌에 속박되어 살게 됨.

진여(眞如) 참되고 한결같은 본성. 곧 원각.

차수합장(叉手合掌) 두 손을 마주 잡는 합장법.

태생(胎生) 4생四生의 하나. 모태 안에서 신체기관을 모두 갖추어 태어나는 포유류. 사람·개·소 등.

평등성지(平等性智) 일체 모든 법의 평등일여함을 관하고 차별심을 떠나서 대자대비를 일으키며, 보살을 갖가지로 교화하여 이익되게 하는 지혜.

환화(幻化) 중생 스스로가 만들어낸 환상.

발 문

원각도량이 어디에 있는가   圓覺道場何處 원각도량하처
생사가 있는 지금 이자리   現今生死卽是 현금생사즉시

원각경은 일체 중생이 본래 부처요 본래 원각임을 바로 드러내고자 부처님께서 설하신 경전이요, 우리를 부처로 만들고 원만한 깨달음인 원각에 이르도록 하기 위해 설하신 경전입니다.

이러한 원각경의 한글 번역!

참 오래 걸렸습니다. 원각경 정도의 분량이면 보통 한두 달, 길어도 서너 달이면 번역을 마칠 수 있는데 무려 3년이나 걸렸습니다. 물론 번역도 한 번 두 번으로 끝낸 것이 아니라, 무려 열 번 이상을 종이에 출력하여 수정하고 또 윤문하였습니다.

원각경을 번역하는데 왜 이렇게 오래 걸린 것이었을까?

그 까닭은 첫 번째도 두 번째도 원각경의 단어가 생략된 것이 많아 뜻을 완전히 이해하기 어려웠기 때문입니다. 예를 들어, 앞에는 '원각圓覺'이라 써 놓고, 곧이어서 나오는 구절에는 '각覺'으로 줄여 씀으로써, 원각을 '깨달음'으로 번역하는 것과 같은 오류를 범하기가 쉽도록 되어 있습니다. 또 한 가지는 정의를 명확하게 규명해 놓지 않은 '사마타·삼마발제·선나' 등의 단어, 뜻하는 바가 다른 원각경의 사상四相을 금강경의 사상四相과 동일하게 생각함에서 오는 난해함 등도 번역을 힘들게 하였습니다.

번역하는 이가 뜻을 완전히 꿰뚫고 번역해야 문장이 막힘없이

원활해지고 읽는 이에게도 쉽게 전달될 수 있는데, 이러한 난해함 때문에 원각경의 완벽한 이해가 쉽지 않았습니다. 하여 뜻이 완전히 이해되고 문맥이 잘 통할 때까지 고치고 또 고쳤습니다.

그리고 몇 번을 고친 뒤, '이제 되었다. 발간하자' 작정을 하고 잠이 들면, 새벽녘 꿈에 문득 막히는 부분들이 떠오르는 것입니다. 그때마다 다시 처음부터 읽고 새기고 검토하지 않을 수 없었습니다. 다행히 이제 겨우 '원각경의 가르침이 나와 함께 한다'는 것이 느껴져 편집을 시작하게 되었습니다.

단, 직역만 하게 되면 문맥이 잘 통하지 않기 때문에 생략된 단어나 문장을 최소한 추가하였고, 이해하기 편리하도록 단락을 많이 나눔과 동시에, 한자 원문을 바로 옆에 두어 원래의 뜻을 쉽게 파악할 수 있도록 하였습니다.

이 한글 번역은 중국 당나라에 온 계빈국의 삼장 불타다라佛陀多羅가 693년에 한문으로 번역한 『대방광원각수다라요의경大方廣圓覺修多羅了義經』을 저본으로 삼았는데, 번역자와 번역 연대에 대해서는 이설이 있으며, 당나라 초기에 중국땅에서 만들어진 것이 아닌가 하는 설도 있습니다. 당나라 때까지의 주석서로 규봉종밀圭峯宗密 스님의 것 외에는 남아 있는 것이 없고, 내용도 중국 위경僞經으로 의문시되는 능엄경과 기신론에 의거하는 바가 많기 때문입니다.

하지만 이 경은 중국과 한국에서 매우 중요한 경전으로 꼽히고 있는데, 특히 우리나라에서는 고려의 보조국사 지눌知訥스님께서 깊이 신봉하여 요의경了義經이라고 한 다음부터 크게 유통되었습니다. 또한 조선 초기 함허화상涵虛和尙이 『원각경소』 3권을 저술

한 다음 정식으로 우리나라 승려의 대교과(대학 과정) 과목으로 채택되었고, 유일有一과 의첨義沾스님께서 각각 사기私記를 지은 뒤에 불교 수행의 길잡이로 깊이 자리매김하게 되었습니다.

한 구절 한 구절마다 깊은 깨우침이 있는 원각경!

부디 이 원각경을 거듭거듭 독송하고 사경하면서 그 내용을 나의 것으로 만들고, 스스로의 원각을 성취하기 위해 힘을 기울여주시기를 권청하고 또 권청합니다.

끝으로 옛부터 전해 내려오는 원각경 12장의 핵심 내용을 다섯 글자로 표현한 구절들을 소개하면서 발문에 갈음합니다. 모두가 함께 성불하여지이다. 나무 대방광원각수다라요의경

경주 남산 기슭 아란야에서
불기 2563년 부처님오신날 김현준 배서

① 문수달천진文殊達天眞 … 문수장을 통해 천진을 요달하고
② 보현명연기普賢明緣起 … 보현장을 통해 연기를 밝히고
③ 보안문관행普眼問觀行 … 보안장을 통해 관행법을 묻고
④ 강장변삼혹剛藏辨三惑 … 금강장장을 통해 세 가지 의혹을 분별하고
⑤ 미륵단윤회彌勒斷輪廻 … 미륵장을 통해 윤회를 끊고
⑥ 정혜분증위淨慧分證位 … 청정혜장을 통해 증득하는 경지를 분별하고
⑦ 위덕기삼관威德起三觀 … 위덕장을 통해 세 가지 관을 밝히고
⑧ 변음수단복辯音修單複 … 변음장을 통해 삼관을 홑과 겹으로 닦게 하고
⑨ 정업제사상淨業除四相 … 정제업장을 통해 4상을 없애고
⑩ 보각이사병普覺離四病 … 보각장을 통해 4병을 여의게 하고
⑪ 원각삼기참圓覺三期懺 … 원각장을 통해 세 기한의 참회법을 밝히고
⑫ 현선청유통賢善請流通 … 현선수장을 통해 유통을 청하도다

한글 큰활자본 기도 독송용 경전 (책 크기 4×6배판)

법화경 / 김현준 역   4×6배판   (양장본) 1책 520쪽 25,000원 / (무선제본) 전3책 550쪽 22,000원

불교 최고 경전인 법화경을 독송하면 소원성취는 물론 깨달음과 경제적인 풍요까지 안겨줍니다.

법화경을 독송하고 사경하면 부처님과 대우주법계의 한량없는 가피가 저절로 찾아들어 업장소멸은 물론이요 갖가지 소원을 두루 성취할 수 있습니다. 특히 밝은 지혜를 얻고 크게 향상하게 되며 경제적인 풍요와 사업의 번창, 시험의 합격 및 승진이 쉬워지고 가족 모두가 평온하고 복된 삶을 누리며, 병환·재난·가난 등 현실의 괴로움이 소멸되고 부모 친척 등의 영가가 잘 천도되며 구하는 바가 뜻과 같이 이루어집니다.

지장경 / 김현준 편역   4×6배판 208쪽 8,000원

지장기도를 하는 분들을 위해 ① 지장경을 처음부터 끝까지 1번 독송 ② '나무지장보살'을 천번염송 ③ 지장보살예찬문을 외우며 158배, ④ '지장보살'천번 염송의 4부로 나누어 특별히 만들었습니다.
지장경 독경 및 지장보살예참과 염불을 할 때, 각 장 앞에 제시된 기도법에 따라 기도를 하게 되면, 지장보살의 가피 속에서 틀림없이 영가천도·업장소멸·소원성취·향상된 삶을 이룩할 수 있게 됩니다.

금강경 / 우룡스님 역   112쪽 5,000원
책 크기만큼 글씨도 크게 하고 한자 원문도 수록하였으며, 독송에 관한 법문도 첨부하였습니다. 사찰 및 가정에서의 독송용으로 매우 좋습니다.

유마경 / 김현준 역   296쪽 12,000원
보살의 병은 어디서 오는가? 불도란 어떤 것인가? 깨달음의 세계로 들어가는 불이법문, 참된 불국토를 건설하는 방법 등등 매우 소중한 가르침들을 가득 담고 있으며, 읽다보면 눈이 번쩍 뜨이고 마음이 탁 트입니다.

승만경 / 김현준 편역   144쪽 6,000원
여인의 성불 수기와 함께 승만부인의 서원, 정법·번뇌·법신·일승·사성제·자성청정심·여래장사상 등을 분명히 밝힌 주옥같은 경전.(한글 한문 대조본)

원각경 / 김현준 편역   192쪽 8,000원
한국불교 근본 경전 중 하나로, 중생이 부처가 되려면 어떻게 해야하는지를 12보살과의 문답을 통해 설한 경전으로 쉽게 번역 하였습니다. (한글 한문 대조본)

밀린다왕문경 / 김현준 편역 신국판 204쪽 7,000원
그리스 왕인 밀린다와 불교 승려인 나가세나가 인생과 불교에 대해 대론한 것을 정리한 경전으로 신심을 크게 불러일으킵니다.

자비도량참법 / 김현준 역   양장본 528쪽 25,000원
나의 죄업 참회에서 시작하여 부모 친척 등 온 법계 중생의 업장과 무명까지 모두 소멸시켜주며, 자비가 충만하여지고 환희심이 넘쳐나게 됩니다.

아미타경 / 김현준 편역   92쪽 4,000원
아주 큰 활자 번역본으로, 독경 및 '나무아미타불' 염불 방법을 함께 실었습니다. 사찰에서 대중이 함께 독송할 때 또는 집에서 독송할 때 매우 유용합니다.

무량수경 / 김현준 역   176쪽 7,000원
아미타불은 어떠한 분이며, 극락에는 어떠한 장엄과 멋과 행복이 갖추어져 있는가? 극락에 왕생하려면 이 현생에서 어떠한 삶을 살아야 하는가를 자상하게 묘사하고 있어, 독송을 하면 신심이 저절로 우러납니다.

약사경 / 김현준 편역   100쪽 4,000원
아주 큰 활자로 약사경 한글 번역본을 만들었습니다. 약사경 독경 방법 및 약사염불법도 함께 실어 기도에 도움이 되도록 하였습니다.

관음경 / 우룡스님 역   96쪽 4,000원
커다란 글씨의 관음경 해설과 함께 관음경의 원문과 독송법, 관음 염불 방법 등을 수록하여 관음경의 가르침을 쉽게 이해하도록 하였습니다.

보현행원품 / 김현준 편역   112쪽 5,000원
보현행원품과 예불대참회문을 함께 실어 독경 후 행원품에 근거한 전통적인 108배를 행할 수 있도록 만들었으며, 대참회의 의미도 상세히 설명하였습니다.

천지팔양신주경 / 김현준 편역   96쪽 4,000원
옛부터 결혼·출산·사업·죽음 등 평생의 삶 중에서 중요한 때마다 이 경을 독송하면 크게 길하고 이롭고 장수하고 복덕을 갖추게 된다고 전해지고 있습니다.

아름다운 우리말 경전 (책 크기 휴대용 국반판)

·금강경	명쾌한 금강경 풀이와 함께 금강경의 근본 가르침을 함께 수록한 책	우룡스님 역	100쪽	2,500원
·아미타경	한글 번역과 함께 독송하는 방법과 아미타불 염불법에 대해 설한 책	김현준 역	100쪽	2,500원
·약사경	한글 번역과 함께 약사기도법과 약사염불법에 대해 자세히 설한 책	김현준 편역	100쪽	2,500원
·관음경	관음경의 번역과 함께 관음기도와 관음염불법에 대해 자세히 설한 책	우룡스님 역	100쪽	2,500원
·지장경	편안하고 쉬운 번역과 함께 지장기도법을 간략히 설한 책	김현준 역	196쪽	4,000원
·부모은중경	부모님의 은혜를 느끼며 기도를 할 수 있게 엮은 책	김현준 역	100쪽	2,500원
·보현행원품	보현보살의 십대원을 중심으로 설하여 참된 보살의 길로 이끌어주는 책	김현준 편역	100쪽	2,500원
·초발심자경문	신심을 굳건히 하고 수행에 대한 마음을 불러일으키게끔 하는 책	일타스님 역	100쪽	2,500원
·법요집	법회와 수행 시에 필요한 각종 의식문, 좋은 몇 편의 글들을 수록한 책	불교신행연구원 편	100쪽	2,500원

영험 크고 성취 빠른 각종 사경집 (책 크기 4×6배판)

※ 정성껏 사경하면 큰 가피가 저절로 찾아들고, 업장참회는 물론이요 쉽게 소원을 성취할 수 있습니다. 각 책마다 사경의 방법을 자세하게 설명해 놓았습니다.

광명진언 사경 가로·세로쓰기
(1책으로 1080번 사경) 128쪽 5,000원
모든 불보살님의 총주總呪인 광명진언을 사경하면 그 가피력은 이루 다 말할 수 없을 정도입니다. 하루 108번씩 100일 동안 사경을 행하면 우리에게 크나큰 성취를 안겨주고 심중의 소원이 잘 이루어집니다.

반야심경 한글사경 (1책 50번 사경) 116쪽 5,000원
반야심경 한문사경 (1책 50번 사경) 116쪽 5,000원
반야심경을 사경하면 호법신장이 '나'를 지켜주고 공의 도리를 깨달아 평화롭고 안정된 삶이 함께합니다.

아미타경 한글사경 (1책 7번 사경) 116쪽 5,000원
살아 생전에 아미타경을 사경하거나, 부모님을 비롯한 가까운 분이 돌아가셨을 때 이 경을 쓰면 극락왕생이 참으로 가까워집니다.

관음경 한글사경 (1책 5번 사경) 112쪽 5,000원
관음경을 사경하면 가피가 한량이 없고 늘 행복이 함께 합니다. 학업성취·건강쾌유·자녀의 성공·경제 문제 등에도 영험이 매우 큽니다.

신묘장구대다라니 사경 (1책 50번 사경) 5,000원
대다라니를 사경하면 관세음보살님과 호법신장들이 '나'와 주위를 지켜주고 소원성취와 동시에, 행복하고 자비심 가득한 마음을 가질 수 있도록 해줍니다.

보현행원품 한글사경 (1책 3번 사경) 120쪽 5,000원
행원품을 사경하면 자리이타의 삶과 업장 참회, 신통·지혜·복덕·자비 등을 빨리 이룰 수 있고 세세생생 불법과 함께 하며 보살도를 성취할 수 있습니다.

부모은중경 사경 (1책 3번 사경) 112쪽 5,000원
부처님께서는 부모님의 은혜를 새기면서 이 경을 쓰게 되면 그 어떤 행보다 큰 공덕이 생겨난다고 하였습니다. 정성 들여 사경하면 뜻하는 바가 이루어집니다.

아미타불 명호사경 (1책으로 5,400번 사경) 160쪽 6,000원
'나무아미타불'과 '아미타불'을 오회염불법에 따라 외우고 쓰는 특별한 명호사경집입니다. 집중력을 더하여, 심중 소원 성취에 큰 도움을 줍니다.

금강경 한글사경 (1책 3번 사경) 144쪽 6,000원
금강경 한문사경 (1책 3번 사경) 144쪽 6,000원
금강경 한문한글사경 (1책 1번 사경) 100쪽 4,000원
요긴하고 으뜸된 경전인 금강경을 사경해 보십시오. 업장소멸과 함께 크나큰 깨달음과 좋은 일들이 저절로 다가옵니다.

법화경 한글사경 (전5책) 권당 5,000원 총 25,000원
법화경을 사경하면 부처님과 대우주법계의 한량없는 가피가 저절로 찾아들어 소원성취·영가천도는 물론이요 깨달음과 경제적인 풍요까지 안겨줍니다.

약사경 한글사경 (1책 3번 사경) 112쪽 4,000원
약사경을 사경하면 약사여래의 가피가 저절로 찾아들어, 병환의 쾌차, 집안 평안, 업장소멸을 비롯한 갖가지 소원을 쉽게 성취할 수 있습니다.

천수경 한글사경 (1책 7번 사경) 112쪽 5,000원
천수경을 사경하고 독송하면 천수관음의 가피가 저절로 찾아들어, 업장 및 고난의 소멸과 갖가지 소원을 쉽게 성취할 수 있습니다.

지장경 한글사경 (1책 1번 사경) 144쪽 6,000원
지장경을 사경하고 영가천도는 물론이요, 각종 장애가 저절로 사라지고 심중의 소원이 성취됩니다. 백일 또는 49일 동안의 사경기도를 감히 권해 봅니다.

화엄경약찬게 사경 (1책 12번 사경) 112쪽 5,000원
화엄경약찬게를 쓰면 화엄경 한 편을 읽는 것과 같은 공덕이 생긴다고 하였습니다. 약찬게를 써 보십시오. 수많은 가피가 함께 찾아듭니다.

천지팔양신주경 사경 (1책 3번 사경) 112쪽 5,000원
옛부터 건축·결혼·출산·사업·죽음 등 평생의 삶 중에서 중요한 때마다 읽고 쓰면 크게 길하고 이롭고 장수하고 복덕을 갖추게 된다고 전해지고 있습니다.

보왕삼매론 사경 (1책으로 27번 사경) 120쪽 5,000원
삶의 문제들을 지혜롭게 해결하는 방법을 제시한 보왕삼매론을 사경하면 생활 속의 걸림돌이 디딤돌로 바뀌고 고난이 사라져 편안하고 행복해집니다.

관세음보살 명호사경 (1책으로 5천4백번 사경) 108쪽 5,000원
지장보살 명호사경 (1책으로 5천번 사경) 108쪽 5,000원
'관세음보살'이나 '지장보살'의 명호를 쓰면서 입으로 외우고 마음에 새기면, 관세음보살님과 지장보살님의 가피를 입어 몸과 마음이 큰 변화를 이루고, 마음속의 원을 능히 성취할 수 있습니다.

기도 및 영가천도 법보시용으로 좋은 책

광명진언 기도법 / 일타스님·김현준 6,000원
광명진언 속에 새겨진 참의미와 바른 기도법, 빠른 기도성취법 등을 자상하게 설하고, 유형별 기도성취 영험담을 다양하게 수록하였습니다. (180쪽)

생활 속의 기도법 / 일타스님 6,000원
여러 가지 상황에 따른 구체적인 기도방법에서부터 기노할 때 시녀야 할 마음가짐까지, 자상한 문체로 예화를 섞어 쉽고 재미있게 엮었습니다. (160쪽)

기 도祈禱 / 일타스님 9,000원
총6장 52편의 다양한 기도성취 영험담으로 엮어진 이 책을 읽다보면 올바른 기도법과 기도성취의 지름길을 알 수 있게 됩니다. (240쪽)

기도 성취의 지름길 / 우룡스님 5,000원
가족을 향한 참회와 3배 기도의 큰 영험에 대해, 그리고 믿음·정성과 함께 기도의 고비를 잘 넘길 것을 설한 감동적인 기도법문집. (4X6판 160쪽)

기도 이야기 / 우룡스님 7,000원
총 6장 45편의 다양한 이야기와 이야기 끝에 붙인 스님의 해설을 읽고 기도하면 감응의 길이 열리면서 심중소원을 성취하게 됩니다. (204쪽)

불교의 자녀사랑 기도법 / 김현준 6,000원
부처님의 가르침에 의지하여 정립한 이 책의 내용에 따라 자녀를 사랑하고 기도하면 자녀들이 뜻하는 바 소원을 성취하고 행복과 평화를 누릴 수 있습니다. (240쪽)

화엄경약찬게 풀이 / 김현준 8,000원
화엄경약찬게는 매우 난해하지만 이 풀이를 본 다음에 읽으면 명확하게 파악할 수 있고 화엄경의 내용까지 꿰뚫어, 대화엄의 세계에서 노닐 수 있게 됩니다. (216쪽)

● **부처님오신날 법보시용으로 좋은 휴대용 불서** ●

행복과 성공을 위한 도담 / 경봉스님	4×6판	100쪽	3,500원
일상기도와 특별기도 / 일타스님	4×6판	100쪽	3,500원
불교예절입문 / 일타스님	4×6판	100쪽	3,500원
행복을 여는 감로법문 / 일타스님	4×6판	100쪽	3,500원
불자의 삶과 공부 / 우룡스님	4×6판	100쪽	3,500원
불성 발현의 길 / 우룡스님	4×6판	100쪽	3,500원
광명진언 기도법 / 일타스님·김현준	4×6판	100쪽	3,500원
보왕삼매론 풀이 / 김현준	4×6판	100쪽	3,500원
바느질하는 부처님 / 김현준 엮음	4×6판	100쪽	3,500원

〈가지고 다니면서 틈틈이 읽게 되면 신행생활과 기도에 큰 도움이 됩니다〉

참 회 / 김현준 4×6판 160쪽 5,500원
불교의 참회는 잘못을 뉘우치고 용서를 받는 차원을 넘어 영원한 자유와 행복을 얻는 깨달음을 목표로 하고 있습니다. 참회의 끝은 해탈입니다. 대해탈입니다. 이제 이 책 속으로 들어가 참회의 방법과 해답을 찾고 참회를 통하여 평안을 얻고 향상의 길로 나아갑시다.

신묘장구대다라니기도법 우룡스님·김현준
신묘장구대다라니의 가피와 공덕, 다라니의 뜻풀이, 자세하게 설명한 기도의 방법과 주의할 점, 14편의 영험담을 함께 수록하였습니다. (208쪽 7,000원)

영가천도 / 우룡스님 6,000원
영가천도의 필요성과 기본자세, 염불·독경·사경을 통한 영가천도, 49재 등 영가천도에 관한 여러 궁금증을 스님의 자세한 법문으로 풀어드립니다. (160쪽)

기도성취 백팔문답 / 김현준 9,000원
기도와 믿음·업장소멸의 방법·꾸준한 기도의 효험·원을 세우는 법·축원법·기도가피와 기도성취의 시기 등을 문답식으로 풀이하였습니다. (240쪽)

윤회와 인과응보 이야기 / 일타스님 9,000원
"인간은 과연 윤회하는 존재인가? 내가 지은 업은 어떻게 전개되는가?" 49가지 이야기로 엮은 이 책을 읽다보면 그 해답을 명확하게 얻을 수 있습니다. (242쪽)

참회와 사랑의 기도법 / 김현준 7,000원
문답을 통해 참회의 정의에서부터 참회기도를 해야 하는 까닭, 가족을 향한 참회법 등에 대해 아주 상세히 설하고 있습니다. (192쪽)

◉불교 3대신앙의 진면모와 그 기도법을 쉽게 설명한
미타신앙·미타기도법 / 김현준 신국판 160쪽 6,000원
관음신앙·관음기도법 / 김현준 신국판 240쪽 9,000원
지장신앙·지장기도법 / 김현준 신국판 190쪽 7,000원

참회·참회기도법 / 김현준 신국판 160쪽 6,000원
병환과 기도 / 일타스님·김현준 4×6판 100쪽 3,500원

선가귀감 서산대사 저 김현준 역
(한글 한문 대조본) 4×6배판 136쪽 6,000원
휴대용 4×6판 160쪽 5,500원
선禪에 대한 다양한 가르침을 중심에 두고 참회·염불·계율·육바라밀·도인의 삶 등을 간절하게 설하여 불자들의 신심과 정진에 큰 도움을 주는 소중한 책입니다.

다량의 법보시는 할인혜택을 드립니다.
전화 02-587-6612, 582-6612 팩스 02-586-9078

🔆 알기 쉬운 불교근본교리(국판) 🔆

불교란무엇인가 / 우룡스님　　160쪽　6,000원
불교는 해탈의 종교, 해탈을 얻는 원리, 무엇이 부처인가, 소승과 대승불교, 불자의 실천 등 핵심되는 가르침을 설한 책.

삼보와 삼학 / 원산스님　　200쪽　7,000원
불자들이 꼭 알아야 할 불·법·승 삼보와 계·정·혜 삼학에 대해 저자가 고금을 꿰뚫는 안목으로 깊이있게 집필한 책

육바라밀 / 김현준　　192쪽　7,000원
대승불교의 기본이 되는 보시·지계·인욕·정진·선정·반야바라밀을 일상생활과 접목시켜 쉽고도 재미있게 서술한 책.

사성제와 팔정도 / 김현준　　240쪽　9,000원
부처님께서 행복한 삶을 열어주기 위해 창안한 불교 핵심 교리를 정말 알기 쉽고 자상하고 감동적으로 엮은 책.

자비 실천의 길 사섭법 / 김현준　　192쪽　7,000원
보시·애어·이행·동사의 사섭법이 필요한 까닭부터 잘 실천하고 잘 성취할 수 있는 방법을 자세히 제시한 책.

삼법인·중도 / 김현준　　160쪽　6,000원
제행무상·제법무아·열반적정의 삼법인과 중도의 의미, 중도 속의 수행과 삶 등에 대해 일목요연하게 정리한 책.

인연법 / 김현준　　224쪽　8,000원
인연법을 삶·괴로움·진리·마음씨·희망·행복·기도성취 등의 다양한 측면과 연결시켜 삶을 윤택하게 만들어주는 책.

알기 쉬운 경전 해설서

생활 속의 반야심경 / 김현준　　240쪽　9,000원
반야심경을 우리의 생활과 결부시켜 쉽고도 명쾌하게 풀이하였습니다. 공·걸림없이 사는 방법 등과 십이인연·사제 등의 기본교리도 쉽게 풀이하였습니다.

생활 속의 금강경 / 우룡스님　　304쪽　10,000원
금강경의 심오한 내용을 알기 쉽게 풀이하고 일상생활과 접목시켜 강설함으로써 삶의 현장에서 금강경의 가르침을 능히 응용할 수 있도록 하였습니다.

생활 속의 관음경 / 우룡스님　　240쪽　9,000원
관세음보살의 본질과 기도성취의 원리를 여러 영험담과 함께 쉽게 풀이한 이 책을 읽으면 신심이 샘솟고, 이 책을 따라 기도하면 소원을 성취할 수 있습니다.

생활 속의 천수경 / 김현준　　240쪽　9,000원
천수경을 쉽게 풀이한 책. 신묘장구대다라니의 풀이와 공덕, 참회 성취의 비결, 주요 진언의 뜻풀이, 각종 소원을 이루는 방법 및 기도법을 일러주고 있습니다.

생활 속의 보왕삼매론 / 김현준　　240쪽　9,000원
병고 해탈, 고난 퇴치, 일의 성취, 인연 다스리기, 이익과 부귀, 억울함의 승화 등 누구나 인생살이에서 겪게 되는 열 가지 장애들을 속 시원하게 뚫어주고 있습니다.

유마경의 기상천외한 이야기 / 김현준　160쪽　6,000원
유마경 속의 재미있으면서도 깊은 의미를 담고 있는 이야기들을 중심으로 엮은 이 책을 읽다 보면, 유마경의 내용이 명쾌하게 살아나고 새로운 깨달음을 열수 있게 됩니다.

🔆 여러 큰스님의 주옥같은 법문집 🔆

◉ 경봉스님 (김현준 엮음) ◉

뭐가 그리 바쁘노　　4×6판　180쪽　5,500원
총 8장 73가지 일화를 담은 이 책 속에는 우리의 정신을 번쩍 깨어나게 하고 새로운 기운을 불러일으키는 일화들을 비롯하여, 스님께서 제자·시자·신도·수행자들과 함께 한 일상생활 속의 참모습들이 생생하게 묘사되어 있습니다.

부처가 계신 곳　　4×6판　160쪽　5,500원
도와 함께하는 행복과 성공　　신국판　160쪽　6,000원
참 생명을 찾는 경봉스님 가르침　　신국판　192쪽　7,000원
바보가 되거라 (경봉스님일대기)　　신국판　220쪽　8,000원

◉ 일타스님 ◉

범망경 보살계　　신국판　508쪽　17,000원
초심 (시작하는 마음)　　신국판　272쪽　10,000원
발심수행장 (영원으로 향하는 마음)　　신국판　240쪽　9,000원
자경문 (자기를 돌아보는 마음)　　신국판　280쪽　10,000원
부드러운 말 한마디 미묘한 향이로다　　240쪽　9,000원
불자의 마음가짐과 수행법　　신국판　192쪽　7,000원
오계이야기　　신국판　160쪽　6,000원

◉ 우룡스님 ◉

불교신행의 주춧돌 (최신간)　　신국판　240쪽　9,000원
불자의 행복 찾기　　신국판　192쪽　7,000원
신심으로 여는 행복　　신국판　192쪽　7,000원
정성 성誠 이 부처입니다　　신국판　240쪽　9,000원
불자의 살림살이　　신국판　160쪽　6,000원
불교의 수행법과 나의 체험　　신국판　160쪽　6,000원

◉ 원산스님 ◉

허공에 핀 꽃　　신국판　200쪽　7,000원

◉ 김현준 ◉

사찰, 그 속에 깃든 의미　　신국판　320쪽　10,000원
예불문, 그 속에 깃든 의미　　신국판　256쪽　9,000원
석가 우리들의 부처님 (일대기)　　신국판　240쪽　9,000원

육조단경(덕이본德異本) 증보개정판 / 김현준 역 4×6배판 208쪽 8,000원

육조 혜능대사께서 설한 선종의 근본 경전으로, 인간의 참된 본성을 보게 하여 마음을 치유하고 깨달음을 열어줍니다. 계속 정독하면 영성이 깨어나고 대자유인이 될 수 있습니다.

증보개정판을 내면서 한글 번역 옆에 한자 원문을 붙여 뜻을 잘 이해할 수 있도록 하였으며, 글씨를 조금 더 크고 뚜렷하게 하여 읽기 좋도록 하였습니다.

편역자 김현준 金鉉埈

　동국대학교 대학원에서 불교학을 전공하고, 한국학중앙연구원에서 한국불교를 연구하였으며, 우리문화연구원 원장, 성보문화재연구원 원장을 역임하였다. 현재 불교신행연구원 원장, 월간「법공양」발행인 겸 편집인, 효림출판사와 새벽숲출판사의 주필 및 고문으로 활동하고 있다.

　저서로는『참회와 사랑의 기도법』·『기도성취 백팔문답』·『광명신언 기도법』·『신묘장구대다라니 기도법』·『참회·참회기도법』·『불자의 자녀사랑 기도법』·『미타신앙·미타기도법』·『관음신앙·관음기도법』·『지장신앙·지장기도법』·『석가 우리들의 부처님』·『생활 속의 반야심경』·『생활 속의 천수경』·『생활 속의 보왕삼매론』·『사찰, 그 속에 깃든 의미』·『예불문, 그 속에 깃든 의미』·『육바라밀』·『사성제와 팔정도』·『삼법인·중도』·『인연법』·『자비실천의 길 사섭법』등 30여 종이 있으며, 번역서로는『법화경』·『자비도량참법』·『지장경』·『육조단경』·『약사경』·『보현행원품』등이 있다.

한글 원각경

초　판　1쇄 펴낸날　2019년　6월　20일
　　　　6쇄 펴낸날　2025년　6월　10일

편역자　김현준
펴낸이　김연지
펴낸곳　효림출판사
등록일　1992년 1월 13일 (제 2-1305호)
주　소　서울특별시 서초구 반포대로14길 30, 907호 (서초동, 센츄리Ⅰ)
전　화　02-582-6612, 587-6612
팩　스　02-586-9078
이메일　hyorim@nate.com

값 8,000원

ⓒ 효림출판사 2019
ISBN　979-11-87508-30-4　03220